ཤོ་ཉང་པོ་ཏ་ལ།
拉薩布達拉宮

ཀླུ་ས་འི་ཇོ་ཁང་གི་གསེར་གྱི་རྒྱ་ཕིབས།

拉薩大昭寺金頂

མངའ་རིས་གུ་གེའི་རྒྱལ་རབས་དུས་ཀྱི་དགོན་སྡེ།
阿里古格王朝寺廟群

甘肅藏敦煌藏文文獻

㉚

甘肅省圖書館卷

GL.t.190 — 351

主　編

李芬林　　勘措吉

編　纂

甘肅省圖書館

敦煌研究院

上海古籍出版社

上海 2021

顧　問

馬　德

主　編

李芬林　勘措吉

副主編

萬瑪項傑　盛岩海　劉　瑛　曾雪梅

編　輯

萬瑪項傑　勘措吉　完麼才讓　萬德冷智

童世峰　韓　磊　王振宇　劉拉毛卓瑪　馬　德

攝　影

盛岩海　陳文斌

責任編輯

府憲展　曾曉紅

༄༅། །གན་སུའུ་ས་ཁུལ་དུ་ཐུར་བའི་ཉུན་ཏོང་ཡོད་ཡིག་ཡིག་སྐྱིན།

㉚

གན་སུའུ་ཞིང་ཆེན་དཔེ་མཛོད་ཁང་གི་སྲེགས་བམ།

GL.t.190 — 351

གཙོ་སྒྲིག་པ།

ཨི་སྟིང་ལིན། ཁམས་འཚོ་སྐྱིད།

སྒྲིག་སྦྱོར་སྡེ་ཁག

གན་སུའུ་ཞིང་ཆེན་རིག་དངོས་ཅུའུ།

ཉུན་ཏོང་ཞིབ་འཇུག་སྐྱིན།

ཐང་ཧེ་དཔེ་རྙིང་དཔེ་སྐྲུན་ཁང་།

2021 ལོར་ཐང་ཧེ་ནས།

བློ་འདོན་པ།
མྱུ་ཏེ།

གཙོ་སྒྲིག་པ།
ཡི་སྟེང་ལྷེན། ཁམས་འཚོ་སྒྱིད།

གཙོ་སྒྲིག་གཞོན་པ།
གཡུ་ཚོག་པ་བྲ་དབང་རྒྱལ། ཉིན་ཡན་ཏེ། ཕྱུའུ་ཡུན། བཅུན་ཞི་མས།

ཚོམ་སྒྲིག་ཕོངས་མི།
གཡུ་ཚོག་པ་བྲ་དབང་རྒྱལ། ཁམས་འཚོ་སྒྱིད། པ་བྲ་ཚོ་རིང་། བན་ཏེ་ལྷུན་འགྲུབ།
ཐོང་ཏི་ཏྲིན། ཅུན་ལི། བང་ཀྱིན་ཡོས། དཔའ་རིས་ལྷ་མོ་སྐྱལ་མ། མྱུ་ཏེ།

པར་ལེན་པ།
ཉིན་ཡན་ཏེ། ཁྲུན་བྲུན་ཕིན།

ཚོམ་སྒྲིག་འགན་ཁུར་པ།
ཕྱུའུ་ཞན་ཀྲས། བཅུན་ལོ་ཚོང་།

TIBETAN DOCUMENTS FROM DUNHUANG IN GANSU

㉚

Collected in Gansu Provincial Library
GL.t.190 — 351

CHIEF EDITORS

Li Fenlin   Khamsvtshoskyid

PARTICIPATING INSTITUTION

Gansu Provincial Library

Dunhuang Academy

SHANGHAI CHINESE CLASSICS PUBLISHING HOUSE

Shanghai 2021

目　録

GL.t.190 — 351

དཀར་ཆག

GL.t.190 — 351

甘圖 GL.t.190 (R-V)　ཤེས་རབ་ཀྱི་ཕ་རོལ་ཏུ་ཕྱིན་པ་སྟོང་ཕྲག་བརྒྱ་པ།

十萬頌般若波羅蜜多經

1

甘圖 GL.t.191 (R-V)　ཤེས་རབ་ཀྱི་ཕ་རོལ་ཏུ་ཕྱིན་པ་སྟོང་ཕྲག་བརྒྱ་པ།
十萬頌般若波羅蜜多經　　(8—1)

2

甘圖 GL.t.191 (R-V)　ཤེས་རབ་ཀྱི་ཕ་རོལ་ཏུ་ཕྱིན་པ་སྟོང་ཕྲག་བརྒྱ་པ།

十萬頌般若波羅蜜多經　　(8—2)

甘圖 GL.t.191 (R-V)　ཤེས་རབ་ཀྱི་ཕ་རོལ་དུ་ཕྱིན་པ་སྟོང་ཕྲག་བརྒྱ་པ།

十萬頌般若波羅蜜多經　　(8—3)

4

甘圖 GL.t.191 (R-V)　ཤེས་རབ་ཀྱི་ཕ་རོལ་ཏུ་ཕྱིན་པ་སྟོང་ཕྲག་བརྒྱ་པ།

十萬頌般若波羅蜜多經　　(8—4)

甘圖 GL.t.191 (R-V) ཤེས་རབ་ཀྱི་ཕ་རོལ་ཏུ་ཕྱིན་པ་སྟོང་ཕྲག་བརྒྱ་པ།

十萬頌般若波羅蜜多經　　(8—5)

甘圖 GL.t.191 (R-V) ཤེས་རབ་ཀྱི་ཕ་རོལ་ཏུ་ཕྱིན་པ་སྟོང་ཕྲག་བརྒྱ་པ།

十萬頌般若波羅蜜多經　　(8—6)

甘圖 GL.t.191 (R-V)　ཤེས་རབ་ཀྱི་ཕ་རོལ་ཏུ་ཕྱིན་པ་སྟོང་ཕྲག་བརྒྱ་པ།

十萬頌般若波羅蜜多經　　(8—7)

8

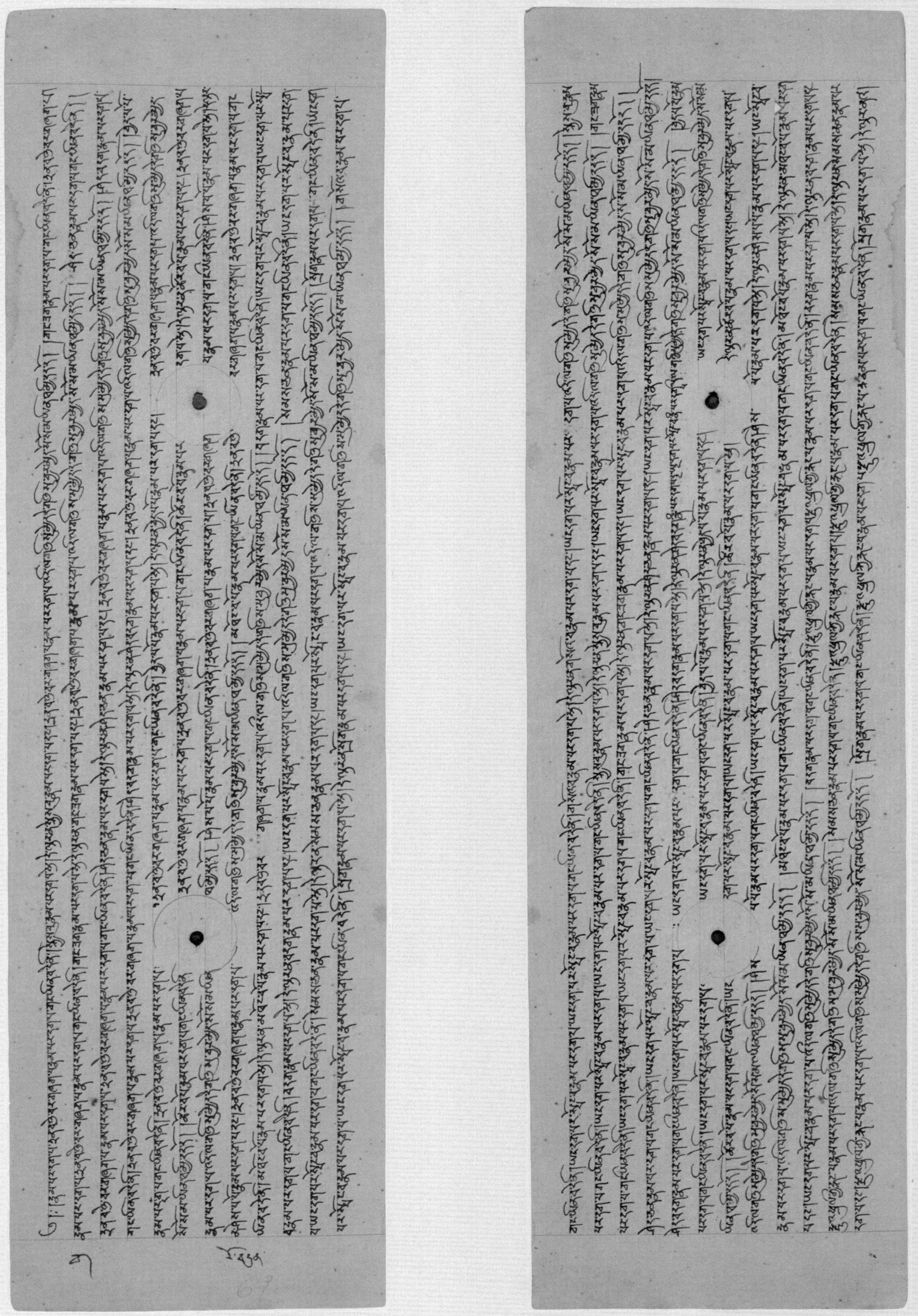

甘圖 GL.t.191 (R-V) ཤེས་རབ་ཀྱི་ཕ་རོལ་ཏུ་ཕྱིན་པ་སྟོང་ཕྲག་བརྒྱ་པ།
十萬頌般若波羅蜜多經 (8—8)

甘圖 GL.t.192 (R-V)　ཤེས་རབ་ཀྱི་ཕ་རོལ་ཏུ་ཕྱིན་པ་སྟོང་ཕྲག་བརྒྱ་པ།

十萬頌般若波羅蜜多經

10

甘圖 GL.t.193 (R-V)　ཤེས་རབ་ཀྱི་ཕ་རོལ་ཏུ་ཕྱིན་པ་སྟོང་ཕྲག་བརྒྱ་པ།

十萬頌般若波羅蜜多經

甘圖 GL.t.194 (R-V)　ཤེས་རབ་ཀྱི་ཕ་རོལ་ཏུ་ཕྱིན་པ་སྟོང་ཕྲག་བརྒྱ་པ།

十萬頌般若波羅蜜多經　　(2—1)

12

甘圖 GL.t.194 (R-V)　ཤེས་རབ་ཀྱི་ཕ་རོལ་ཏུ་ཕྱིན་པ་སྟོང་ཕྲག་བརྒྱ་པ།

十萬頌般若波羅蜜多經　　(2—2)

甘圖 GL.t.195 (R-V)　ཤེས་རབ་ཀྱི་ཕ་རོལ་ཏུ་ཕྱིན་པ་སྟོང་ཕྲག་བརྒྱ་པ།

十萬頌般若波羅蜜多經

14

甘圖 GL.t.196 (R-V) ཤེས་རབ་ཀྱི་ཕ་རོལ་ཏུ་ཕྱིན་པ་སྟོང་ཕྲག་བརྒྱ་པ།
十萬頌般若波羅蜜多經

甘圖 GL.t.197 (R-V)　ཤེས་རབ་ཀྱི་ཕ་རོལ་ཏུ་ཕྱིན་པ་སྟོང་ཕྲག་བརྒྱ་པ།

十萬頌般若波羅蜜多經　　　(6—1)

16

甘圖 GL.t.197 (R-V)　ཤེས་རབ་ཀྱི་ཕ་རོལ་ཏུ་ཕྱིན་པ་སྟོང་ཕྲག་བརྒྱ་པ།

十萬頌般若波羅蜜多經　　(6—2)

甘圖 GL.t.197 (R-V)　ཤེས་རབ་ཀྱི་ཕ་རོལ་ཏུ་ཕྱིན་པ་སྟོང་ཕྲག་བརྒྱ་པ།
十萬頌般若波羅蜜多經　　(6—3)

甘圖 GL.t.197 (R-V) ཤེས་རབ་ཀྱི་ཕ་རོལ་ཏུ་ཕྱིན་པ་སྟོང་ཕྲག་བརྒྱ་པ།
十萬頌般若波羅蜜多經　　(6—4)

甘圖 GL.t.197 (R-V)　ཤེས་རབ་ཀྱི་ཕ་རོལ་ཏུ་ཕྱིན་པ་སྟོང་ཕྲག་བརྒྱ་པ།

十萬頌般若波羅蜜多經　　(6—5)

20

甘圖 GL.t.197 (R-V)　ཤེས་རབ་ཀྱི་ཕ་རོལ་ཏུ་ཕྱིན་པ་སྟོང་ཕྲག་བརྒྱ་པ།

十萬頌般若波羅蜜多經　　(6—6)

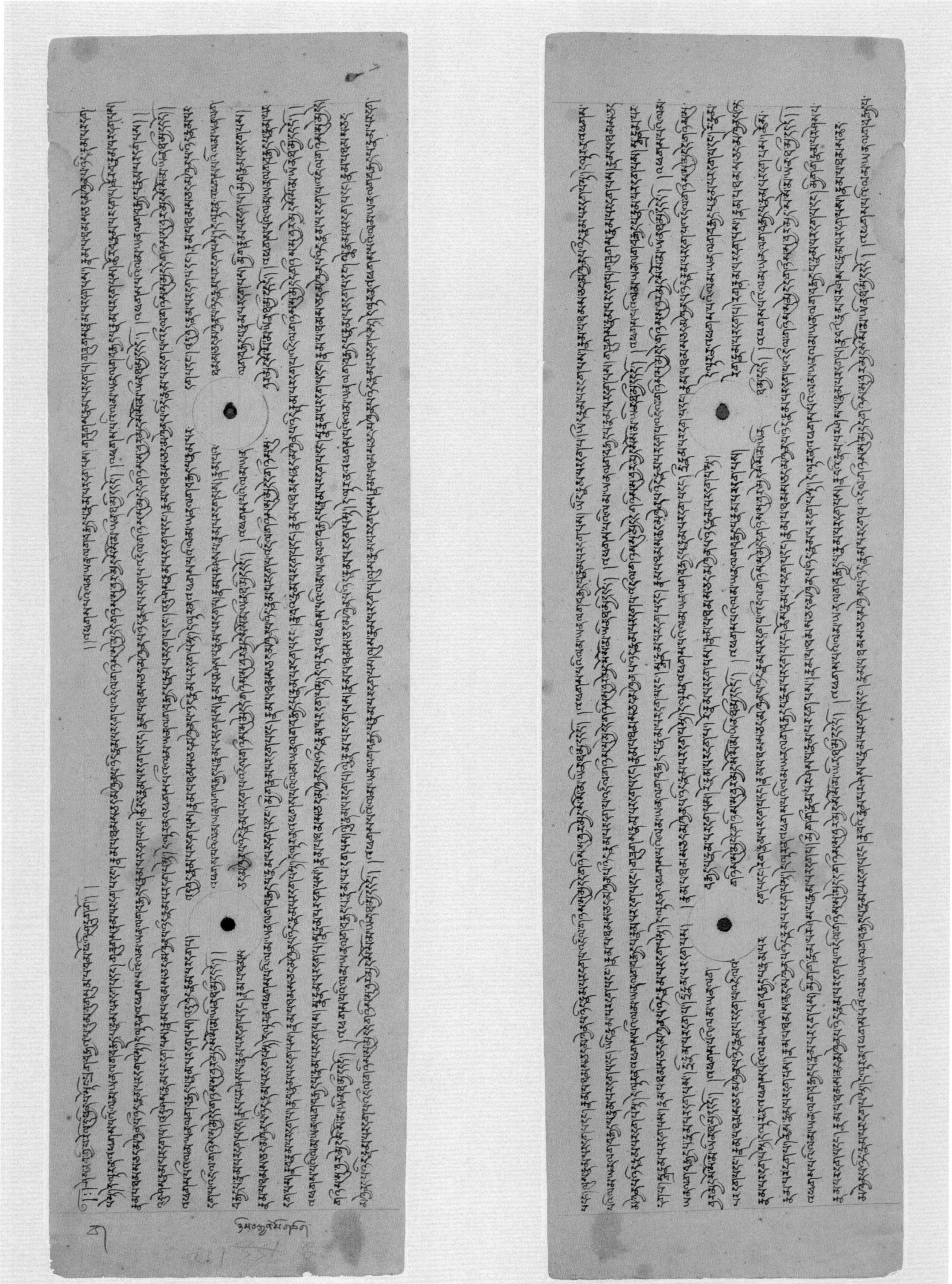

甘圖 GL.t.198 (R-V) ཤེས་རབ་ཀྱི་ཕ་རོལ་ཏུ་ཕྱིན་པ་སྟོང་ཕྲག་བརྒྱ་པ་དུམ་བུ་གསུམ་པ་བམ་པོ་ཉི་ཤུ་དྲུག་པོ།།
十萬頌般若波羅蜜多經第三卷第二十六品　　(2—1)

甘圖 GL.t.198 (R-V)　ཤེས་རབ་ཀྱི་ཕ་རོལ་ཏུ་ཕྱིན་པ་སྟོང་ཕྲག་བརྒྱ་པ་དུམ་བུ་གསུམ་པ་བམ་པོ་ཉི་ཤུ་དྲུག་གོ །།
十萬頌般若波羅蜜多經第三卷第二十六品　　(2—2)

甘圖 GL.t.199 (R-V)　ཤེས་རབ་ཀྱི་ཕ་རོལ་དུ་ཕྱིན་པ་སྟོང་ཕྲག་བརྒྱ་པ།

十萬頌般若波羅蜜多經　　(5—1)

甘圖 GL.t.199 (R-V) ཤེས་རབ་ཀྱི་ཕ་རོལ་ཏུ་ཕྱིན་པ་སྟོང་ཕྲག་བརྒྱ་པ།

十萬頌般若波羅蜜多經　　(5—2)

甘圖 GL.t.199 (R-V) ཤེས་རབ་ཀྱི་ཕ་རོལ་དུ་ཕྱིན་པ་སྟོང་ཕྲག་བརྒྱ་པ།

十萬頌般若波羅蜜多經　　(5—3)

26

甘圖 GL.t.199 (R-V) ཤེས་རབ་ཀྱི་ཕ་རོལ་ཏུ་ཕྱིན་པ་སྟོང་ཕྲག་བརྒྱ་པ།
十萬頌般若波羅蜜多經　　(5—4)

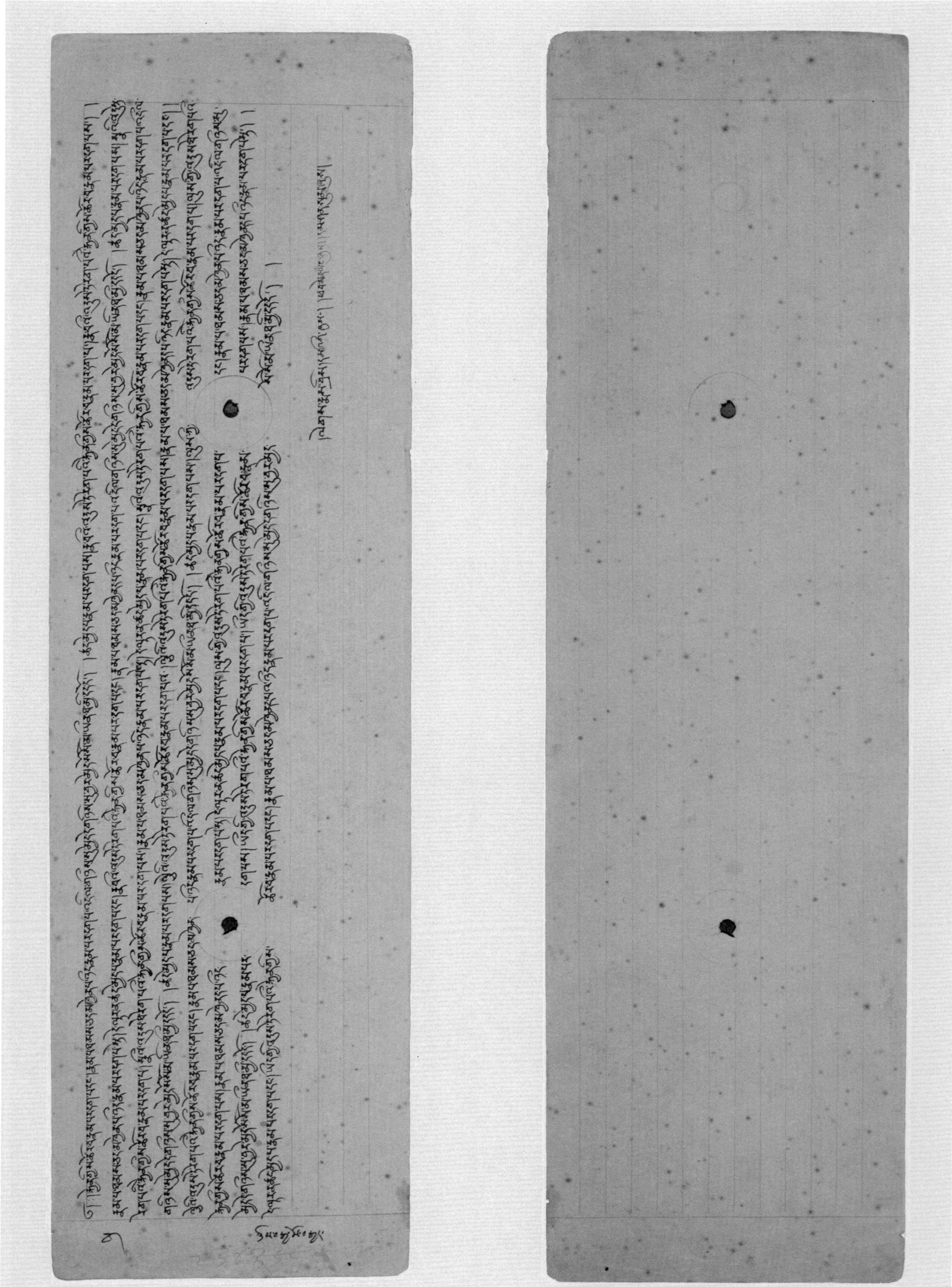

甘圖 GL.t.199 (R-V)　ཤེས་རབ་ཀྱི་ཕ་རོལ་ཏུ་ཕྱིན་པ་སྟོང་ཕྲག་བརྒྱ་པ།

十萬頌般若波羅蜜多經　　(5—5)

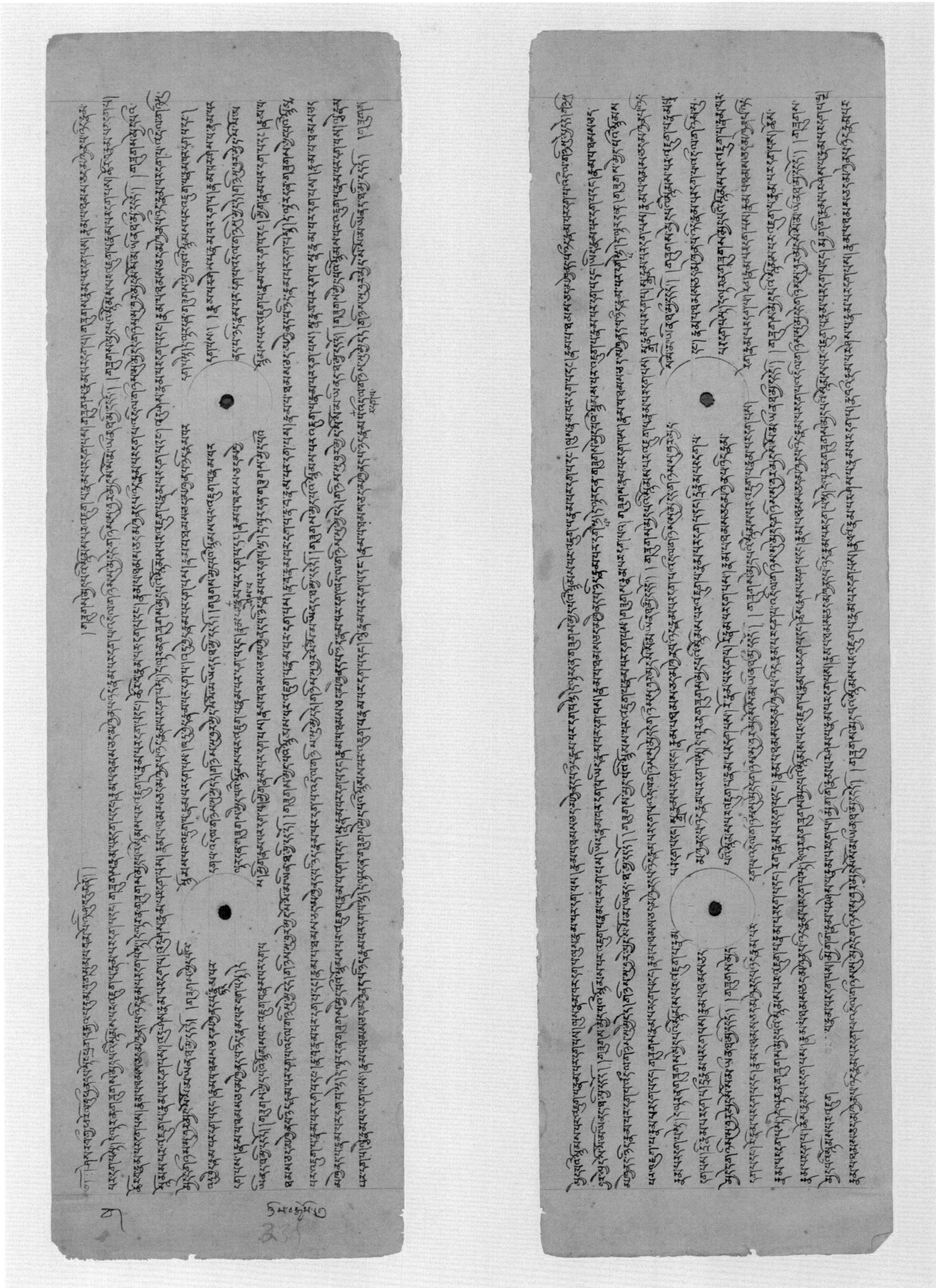

甘圖 GL.t.200 (R-V) ཤེས་རབ་ཀྱི་ཕ་རོལ་ཏུ་ཕྱིན་པ་སྟོང་ཕྲག་བརྒྱ་པ་དུམ་བུ་གསུམ་པ་བམ་པོ་ཉི་ཤུ་བདུན་ནོ།།
十萬頌般若波羅蜜多經第三卷第二十七品

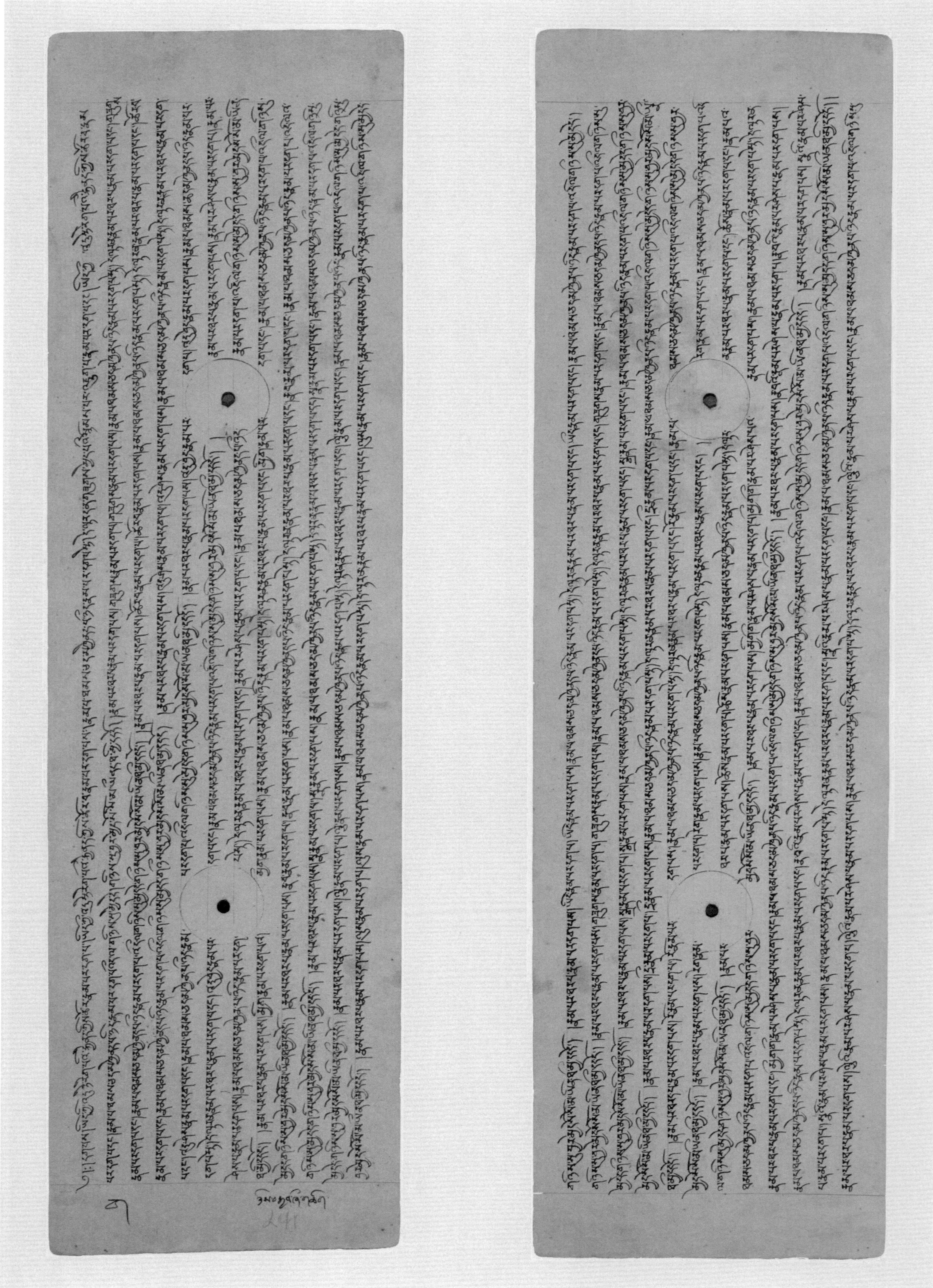

甘圖 GL.t.201 (R-V) ཤེས་རབ་ཀྱི་ཕ་རོལ་ཏུ་ཕྱིན་པ་སྟོང་ཕྲག་བརྒྱ་པ།

十萬頌般若波羅蜜多經 (4—1)

甘圖 GL.t.201 (R-V)　ཤེས་རབ་ཀྱི་ཕ་རོལ་ཏུ་ཕྱིན་པ་སྟོང་ཕྲག་བརྒྱ་པ།

十萬頌般若波羅蜜多經　　　(4—2)

甘圖 GL.t.201 (R-V) ཤེས་རབ་ཀྱི་ཕ་རོལ་ཏུ་ཕྱིན་པ་སྟོང་ཕྲག་བརྒྱ་པ།

十萬頌般若波羅蜜多經 (4—3)

甘圖 GL.t.201 (R-V)　ཤེས་རབ་ཀྱི་ཕ་རོལ་ཏུ་ཕྱིན་པ་སྟོང་ཕྲག་བརྒྱ་པ།
十萬頌般若波羅蜜多經　　(4—4)

甘圖 GL.t.202 (R-V)　ཤེས་རབ་ཀྱི་ཕ་རོལ་ཏུ་ཕྱིན་པ་སྟོང་ཕྲག་བརྒྱ་པ་དུམ་བུ་གསུམ་པ་བམ་པོ་ཉི་ཤུ་བརྒྱད་དོ།།
十萬頌般若波羅蜜多經第三卷第二十八品　　(6—1)

34

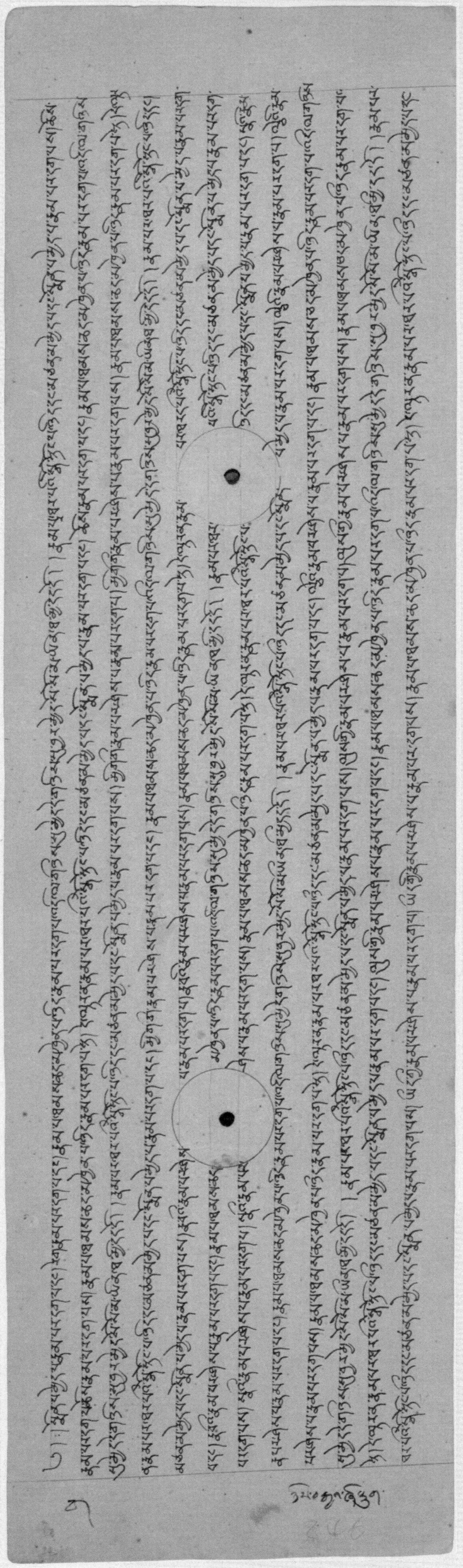

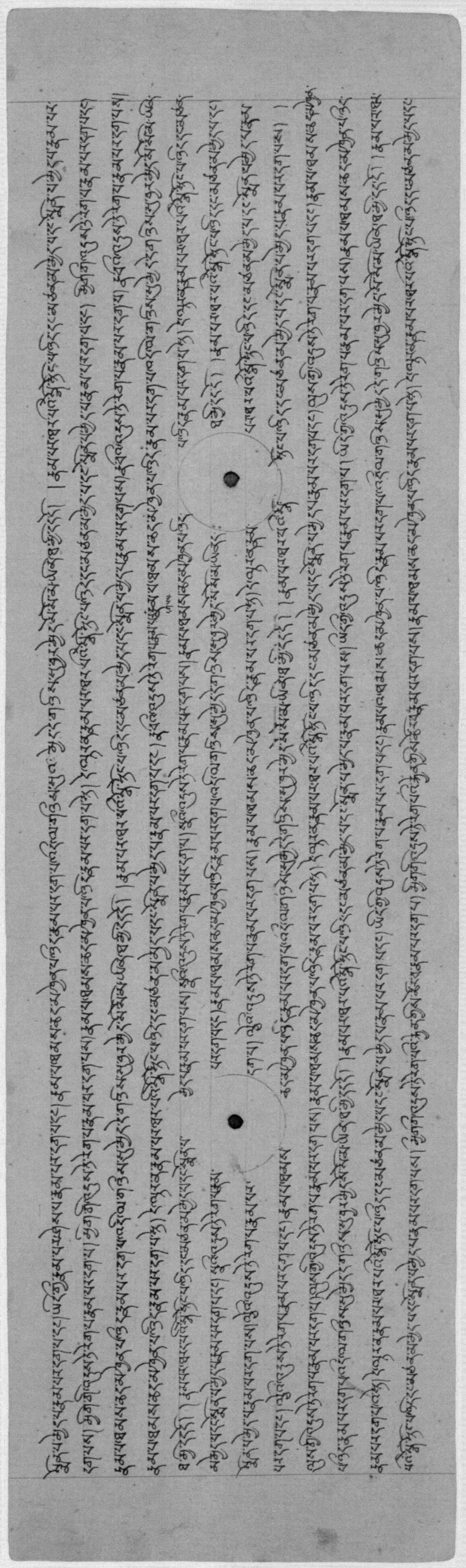

甘圖 GL.t.202 (R-V) ཤེས་རབ་ཀྱི་ཕ་རོལ་ཏུ་ཕྱིན་པ་སྟོང་ཕྲག་བརྒྱའ་པ་དུམ་བུ་གསུམ་པ་བམ་པོ་ཉི་ཤུ་བརྒྱད་དོ།།
十萬頌般若波羅蜜多經第三卷第二十八品 (6—2)

甘圖 GL.t.202 (R-V)　ཤེས་རབ་ཀྱི་ཕ་རོལ་ཏུ་ཕྱིན་པ་སྟོང་ཕྲག་བརྒྱ་པ་དུམ་བུ་གསུམ་པ་བམ་པོ་ཉི་ཤུ་བརྒྱད་དོ༎

十萬頌般若波羅蜜多經第三卷第二十八品　　(6—3)

36

甘圖 GL.t.202 (R-V) ཤེས་རབ་ཀྱི་ཕ་རོལ་ཏུ་ཕྱིན་པ་སྟོང་ཕྲག་བརྒྱ་པ་དུམ་བུ་གསུམ་པ་བམ་པོ་ཉི་ཤུ་བརྒྱད་དོ།།

十萬頌般若波羅蜜多經第三卷第二十八品　　(6—4)

甘圖 GL.t.202 (R-V)　ཤེས་རབ་ཀྱི་ཕ་རོལ་ཏུ་ཕྱིན་པ་སྟོང་ཕྲག་བརྒྱ་པ་དུམ་བུ་གསུམ་པ་བམ་པོ་ཉི་ཤུ་བརྒྱད་དོ།།

十萬頌般若波羅蜜多經第三卷第二十八品　　(6—5)

38

甘圖 GL.t.202 (R-V)　ཤེས་རབ་ཀྱི་ཕ་རོལ་ཏུ་ཕྱིན་པ་སྟོང་ཕྲག་བརྒྱ་པ་དུམ་བུ་གསུམ་པ་བམ་པོ་ཉི་ཤུ་བརྒྱད་དོ།།
十萬頌般若波羅蜜多經第三卷第二十八品　　(6—6)

39

甘圖 GL.t.203 (R-V) ཤེས་རབ་ཀྱི་ཕ་རོལ་ཏུ་ཕྱིན་པ་སྟོང་ཕྲག་བརྒྱ་པ་དུམ་བུ་གསུམ་པ་བམ་པོ་ཉི་ཤུ་དགུ་བོ།།

十萬頌般若波羅蜜多經第三卷第二十九品　　(8—1)

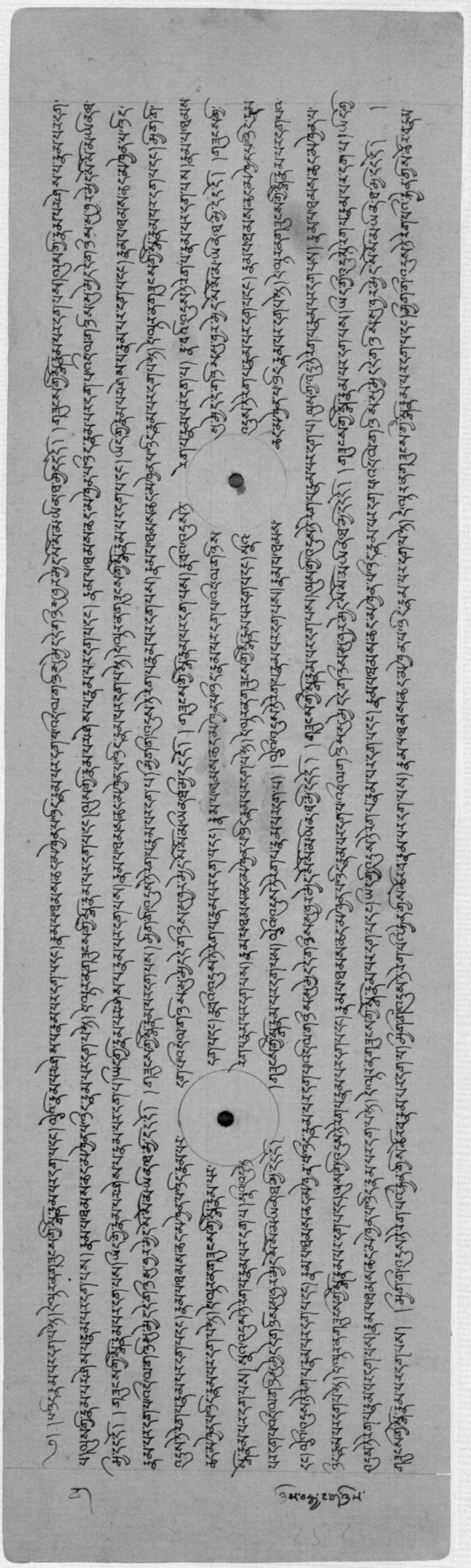

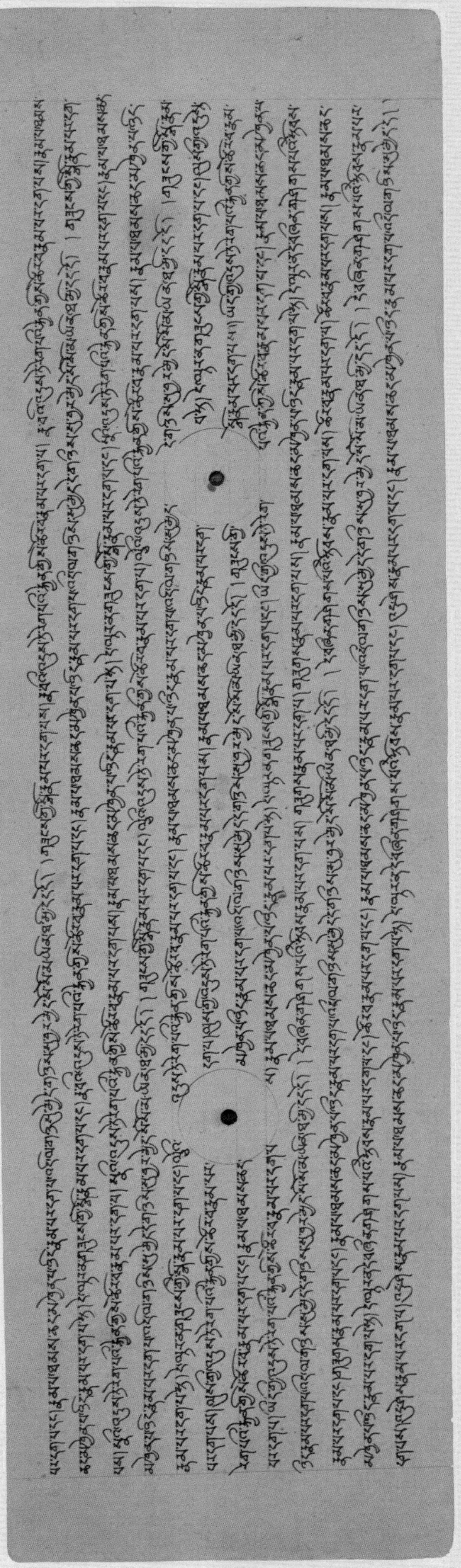

甘圖 GL.t.203 (R-V) ཤེས་རབ་ཀྱི་ཕ་རོལ་ཏུ་ཕྱིན་པ་སྟོང་ཕྲག་བརྒྱ་པ་དུམ་བུ་གསུམ་པ་བམ་པོ་ཉི་ཤུ་དགུ་པོ།།
十萬頌般若波羅蜜多經第三卷第二十九品 (8—2)

甘圖 GL.t.203 (R-V)　ཤེས་རབ་ཀྱི་ཕ་རོལ་ཏུ་ཕྱིན་པ་སྟོང་ཕྲག་བརྒྱ་པ་དུམ་བུ་གསུམ་པ་བམ་པོ་ཉི་ཤུ་དགུའོ།།

十萬頌般若波羅蜜多經第三卷第二十九品　　(8—3)

42

甘圖 GL.t.203 (R-V)　ཤེས་རབ་ཀྱི་ཕ་རོལ་ཏུ་ཕྱིན་པ་སྟོང་ཕྲག་བརྒྱ་པ་དུམ་བུ་གསུམ་པ་བམ་པོ་ཉི་ཤུ་དགུ་པའོ།།

十萬頌般若波羅蜜多經第三卷第二十九品　　(8—4)

甘圖 GL.t.203 (R-V)　ཤེས་རབ་ཀྱི་ཕ་རོལ་དུ་ཕྱིན་པ་སྟོང་ཕྲག་བརྒྱ་པ་དུམ་བུ་གསུམ་པ་བམ་པོ་ཉི་ཤུ་དགུ་པའོ།།
十萬頌般若波羅蜜多經第三卷第二十九品　　　(8—5)

44

甘圖 GL.t.203 (R-V) ཤེས་རབ་ཀྱི་ཕ་རོལ་ཏུ་ཕྱིན་པ་སྟོང་ཕྲག་བརྒྱ་པ་དུམ་བུ་གསུམ་པ་བམ་པོ་ཉི་ཤུ་དགུ་པའོ།།

十萬頌般若波羅蜜多經第三卷第二十九品　　　(8—6)

甘圖 GL.t.203 (R-V)　ཤེས་རབ་ཀྱི་ཕ་རོལ་ཏུ་ཕྱིན་པ་སྟོང་ཕྲག་བརྒྱ་པ་དུམ་བུ་གསུམ་པ་བམ་པོ་ཉི་ཤུ་དགུའོ།།

十萬頌般若波羅蜜多經第三卷第二十九品　　(8—7)

46

甘圖 GL.t.203 (R-V) ཤེས་རབ་ཀྱི་ཕ་རོལ་ཏུ་ཕྱིན་པ་སྟོང་ཕྲག་བརྒྱ་པ་དུམ་བུ་གསུམ་པ་བམ་པོ་ཉི་ཤུ་དགུ་གོ།།
十萬頌般若波羅蜜多經第三卷第二十九品　　(8—8)

甘圖 GL.t.204 (R-V)　ཤེས་རབ་ཀྱི་ཕ་རོལ་ཏུ་ཕྱིན་པ་སྟོང་ཕྲག་བརྒྱ་པ་དུམ་བུ་གསུམ་པ་བམ་པོ་སུམ་ཅུ་པའོ།།

十萬頌般若波羅蜜多經第三卷第三十品　　(6—1)

48

甘圖 GL.t.204 (R-V) ཤེས་རབ་ཀྱི་ཕ་རོལ་ཏུ་ཕྱིན་པ་སྟོང་ཕྲག་བརྒྱ་པ་དུམ་བུ་གསུམ་པ་བམ་པོ་སུམ་ཅུ་པོ།།
十萬頌般若波羅蜜多經第三卷第三十品　　(6—2)

甘圖 GL.t.204 (R-V)　ཤེས་རབ་ཀྱི་ཕ་རོལ་ཏུ་ཕྱིན་པ་སྟོང་ཕྲག་བརྒྱ་པ་དུམ་བུ་གསུམ་པ་བམ་པོ་སུམ་ཅུ་པའོ།།

十萬頌般若波羅蜜多經第三卷第三十品　　(6—3)

50

甘圖 GL.t.204 (R-V) ཤེས་རབ་ཀྱི་ཕ་རོལ་ཏུ་ཕྱིན་པ་སྟོང་ཕྲག་བརྒྱ་པ་དུམ་བུ་གསུམ་པ་བམ་པོ་སུམ་ཅུ་པའོ།།
十萬頌般若波羅蜜多經第三卷第三十品　　(6—4)

甘圖 GL.t.204 (R-V) ཤེས་རབ་ཀྱི་ཕ་རོལ་ཏུ་ཕྱིན་པ་སྟོང་ཕྲག་བརྒྱ་པ་དུམ་བུ་གསུམ་པ་བམ་པོ་སུམ་ཅུ་པའོ།།
十萬頌般若波羅蜜多經第三卷第三十品　　(6—5)

52

甘圖 GL.t.204 (R-V)　ཤེས་རབ་ཀྱི་ཕ་རོལ་དུ་ཕྱིན་པ་སྟོང་ཕྲག་བརྒྱ་པ་དུམ་བུ་གསུམ་པ་བམ་པོ་སུམ་ཅུ་པའོ།།

十萬頌般若波羅蜜多經第三卷第三十品　　(6—6)

甘圖 GL.t.205 (R-V) ཤེས་རབ་ཀྱི་ཕ་རོལ་ཏུ་ཕྱིན་པ་སྟོང་ཕྲག་བརྒྱ་པ་དུམ་བུ་གསུམ་པ་བམ་པོ་སུམ་ཅུ་གཅིག་གོ།།

十萬頌般若波羅蜜多經第三卷第三十一品　　(9—1)

54

甘圖 GL.t.205 (R-V)　ཤེས་རབ་ཀྱི་ཕ་རོལ་ཏུ་ཕྱིན་པ་སྟོང་ཕྲག་བརྒྱ་པ་དུམ་བུ་གསུམ་པ་བམ་པོ་སུམ་ཅུ་གཅིག་གོ།།
十萬頌般若波羅蜜多經第三卷第三十一品　　(9—2)

甘圖 GL.t.205 (R-V)　ཤེས་རབ་ཀྱི་ཕ་རོལ་ཏུ་ཕྱིན་པ་སྟོང་ཕྲག་བརྒྱ་པ་དུམ་བུ་གསུམ་པ་བམ་པོ་སུམ་ཅུ་གཅིག་གོ།།།
十萬頌般若波羅蜜多經第三卷第三十一品　　（9—3）

56

甘圖 GL.t.205 (R-V) ཤེས་རབ་ཀྱི་ཕ་རོལ་དུ་ཕྱིན་པ་སྟོང་ཕྲག་བརྒྱ་པ་དུམ་བུ་གསུམ་པ་བམ་པོ་སུམ་ཅུ་གཅིག་གོ།།
十萬頌般若波羅蜜多經第三卷第三十一品　　(9—4)

甘圖 GL.t.205 (R-V)　ཤེས་རབ་ཀྱི་ཕ་རོལ་ཏུ་ཕྱིན་པ་སྟོང་ཕྲག་བརྒྱ་པ་དུམ་བུ་གསུམ་པ་བམ་པོ་སུམ་ཅུ་གཅིག་གོ །།

十萬頌般若波羅蜜多經第三卷第三十一品　　(9—5)

58

甘圖 GL.t.205 (R-V)　ཤེས་རབ་ཀྱི་ཕ་རོལ་ཏུ་ཕྱིན་པ་སྟོང་ཕྲག་བརྒྱ་པ་དུམ་བུ་གསུམ་པ་བམ་པོ་སུམ་ཅུ་གཅིག་གོ།།
十萬頌般若波羅蜜多經第三卷第三十一品　　（9—6）

59

甘圖 GL.t.205 (R-V) ཤེས་རབ་ཀྱི་ཕ་རོལ་ཏུ་ཕྱིན་པ་སྟོང་ཕྲག་བརྒྱ་པ་དུམ་བུ་གསུམ་པ་བམ་པོ་སུམ་ཅུ་གཅིག་གོ།།

十萬頌般若波羅蜜多經第三卷第三十一品　　(9—7)

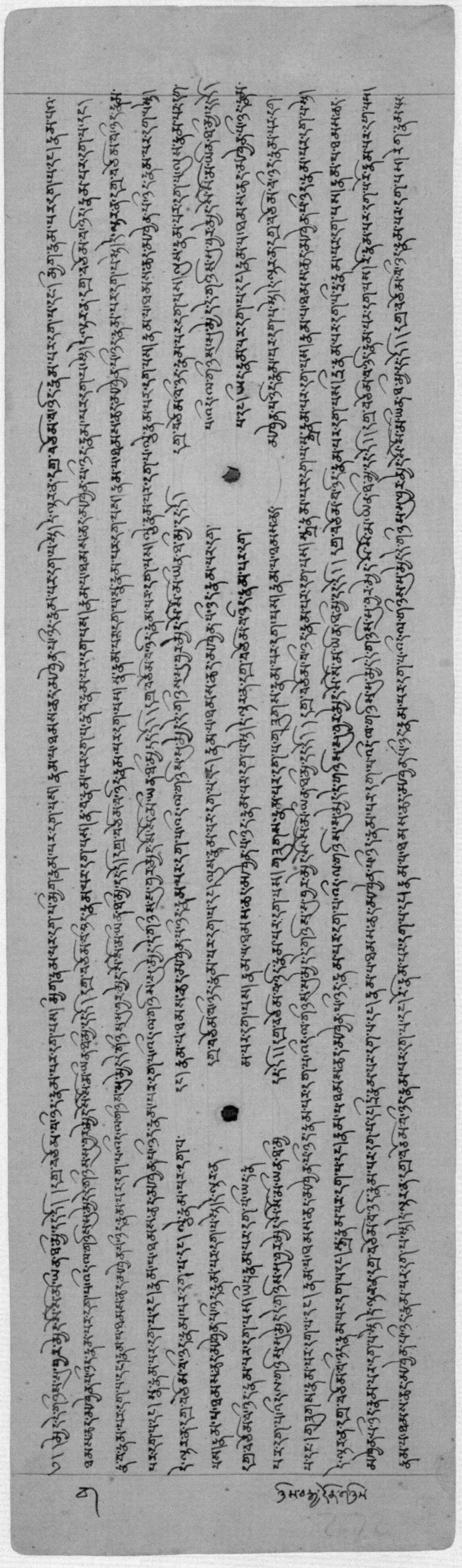

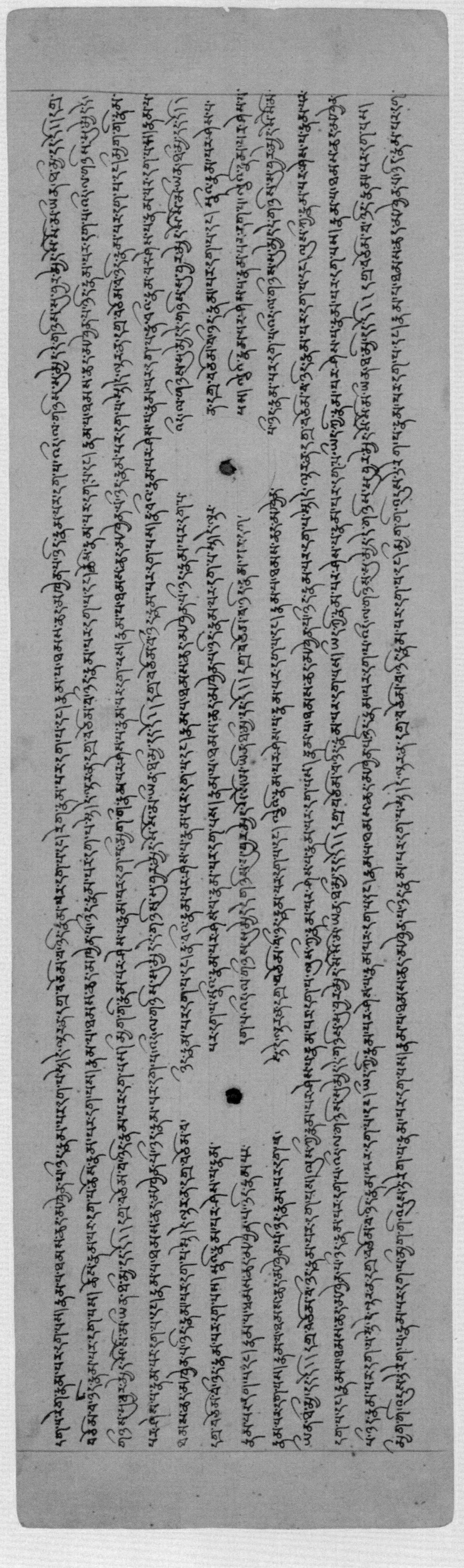

甘圖 GL.t.205 (R-V) ཤེས་རབ་ཀྱི་ཕ་རོལ་ཏུ་ཕྱིན་པ་སྟོང་ཕྲག་བརྒྱ་པ་དུམ་བུ་གསུམ་པ་བམ་པོ་སུམ་ཅུ་གཅིག་པོ།།

十萬頌般若波羅蜜多經第三卷第三十一品 (9—8)

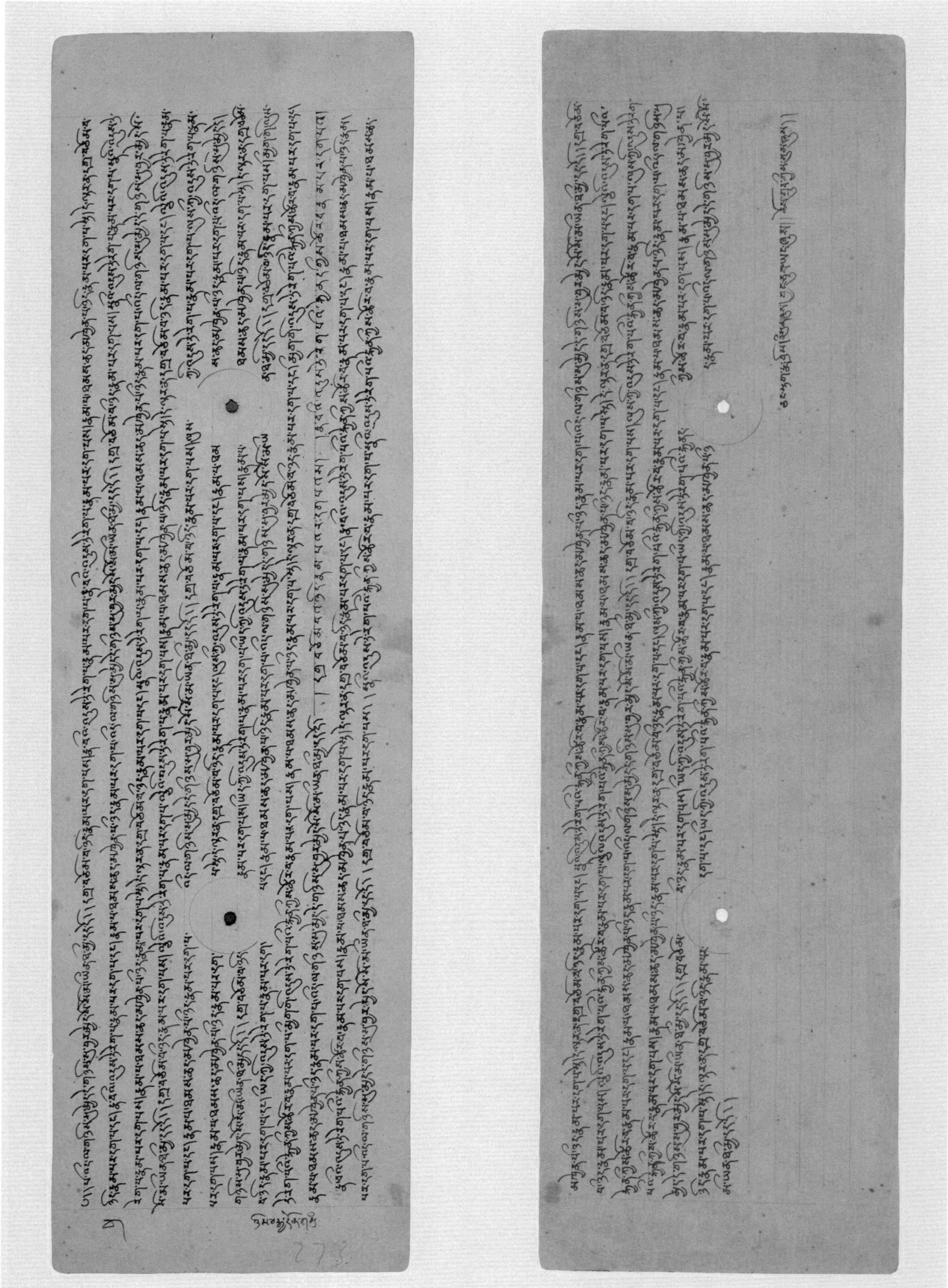

甘圖 GL.t.205 (R-V)　ཤེས་རབ་ཀྱི་ཕ་རོལ་ཏུ་ཕྱིན་པ་སྟོང་ཕྲག་བརྒྱ་པ་དུམ་བུ་གསུམ་པ་བམ་པོ་སུམ་ཅུ་གཅིག་པོ།།
十萬頌般若波羅蜜多經第三卷第三十一品　(9—9)

甘圖 GL.t.206 (R-V)　ཤེས་རབ་ཀྱི་ཕ་རོལ་ཏུ་ཕྱིན་པ་སྟོང་ཕྲག་བརྒྱ་པ་དུམ་བུ་གསུམ་པ་བམ་པོ་སུམ་ཅུ་གཉིས་སོ།།

十萬頌般若波羅蜜多經第三卷第三十二品　　(6—1)

63

甘圖 GL.t.206 (R-V)　ཤེས་རབ་ཀྱི་ཕ་རོལ་དུ་ཕྱིན་པ་སྟོང་ཕྲག་བརྒྱད་པ་དུམ་བུ་གསུམ་པ་བམ་པོ་སུམ་ཅུ་གཉིས་སོ།།

十萬頌般若波羅蜜多經第三卷第三十二品　　(6—2)

64

甘圖 GL.t.206 (R-V) ཤེས་རབ་ཀྱི་ཕ་རོལ་དུ་ཕྱིན་པ་སྟོང་ཕྲག་བརྒྱའ་པ་དུམ་བུ་གསུམ་པ་བམ་པོ་སུམ་ཅུ་གཉིས་སོ།།

十萬頌般若波羅蜜多經第三卷第三十二品　　(6—3)

65

甘圖 GL.t.206 (R-V)　ཤེས་རབ་ཀྱི་ཕ་རོལ་ཏུ་ཕྱིན་པ་སྟོང་ཕྲག་བརྒྱ་པ་དུམ་བུ་གསུམ་པ་བམ་པོ་སུམ་ཅུ་གཉིས་སོ།།
十萬頌般若波羅蜜多經第三卷第三十二品　　(6—4)

66

甘圖 GL.t.206 (R-V) ཤེས་རབ་ཀྱི་ཕ་རོལ་ཏུ་ཕྱིན་པ་སྟོང་ཕྲག་བརྒྱ་པ་དུམ་བུ་གསུམ་པ་བམ་པོ་སུམ་ཅུ་གཉིས་སོ།།
十萬頌般若波羅蜜多經第三卷第三十二品　　(6—5)

甘圖 GL.t.206 (R-V)　ཤེས་རབ་ཀྱི་ཕ་རོལ་ཏུ་ཕྱིན་པ་སྟོང་ཕྲག་བརྒྱ་པ་དུམ་བུ་གསུམ་པ་བམ་པོ་སུམ་ཅུ་གཉིས་སོ།།
十萬頌般若波羅蜜多經第三卷第三十二品　　　(6—6)

甘圖 GL.t.207 (R-V) ཤེས་རབ་ཀྱི་ཕ་རོལ་ཏུ་ཕྱིན་པ་སྟོང་ཕྲག་བརྒྱ་པ་དུམ་བུ་གསུམ་པ་བམ་པོ་སུམ་ཅུ་གསུམ་མོ།།
十萬頌般若波羅蜜多經第三卷第三十三品　　（3—1）

69

甘圖 GL.t.207 (R-V)　ཤེས་རབ་ཀྱི་ཕ་རོལ་དུ་ཕྱིན་པ་སྟོང་ཕྲག་བརྒྱ་པ་དུམ་བུ་གསུམ་པ་བམ་པོ་སུམ་ཅུ་གསུམ་མོ།།

十萬頌般若波羅蜜多經第三卷第三十三品　　(3—2)

70

甘圖 GL.t.207 (R-V)　ཤེས་རབ་ཀྱི་ཕ་རོལ་ཏུ་ཕྱིན་པ་སྟོང་ཕྲག་བརྒྱད་པ་དུམ་བུ་གསུམ་པ་བམ་པོ་སུམ་ཅུ་གསུམ་མོ།།
十萬頌般若波羅蜜多經第三卷第三十三品　　　(3—3)

71

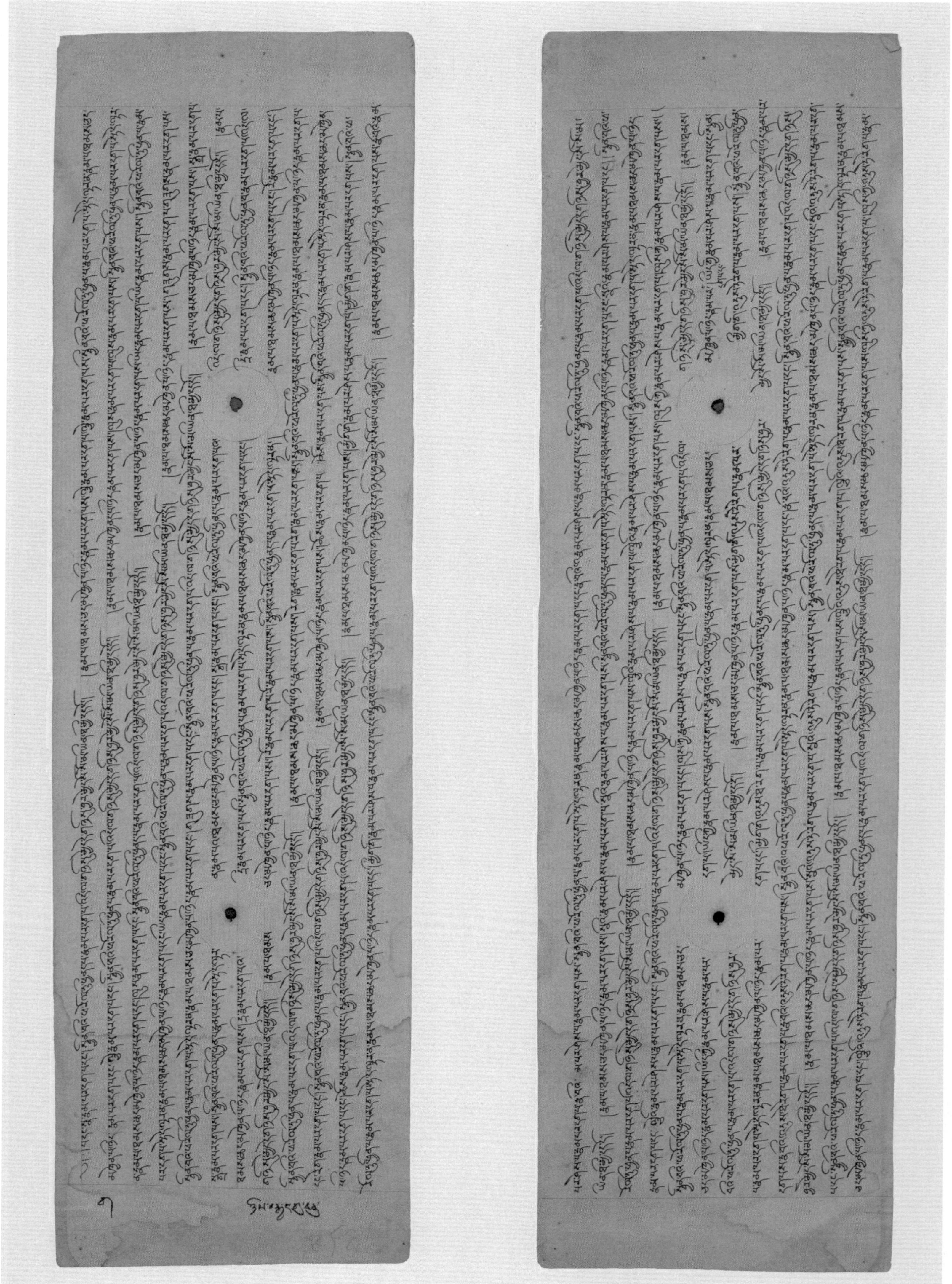

甘圖 GL.t.208 (R-V) ཤེས་རབ་ཀྱི་ཕ་རོལ་ཏུ་ཕྱིན་པ་སྟོང་ཕྲག་བརྒྱ་པ།
十萬頌般若波羅蜜多經

甘圖 GL.t.209 (R-V)　ཤེས་རབ་ཀྱི་ཕ་རོལ་ཏུ་ཕྱིན་པ་སྟོང་ཕྲག་བརྒྱ་པ།

十萬頌般若波羅蜜多經

甘圖 GL.t.210 (R-V)　ཤེས་རབ་ཀྱི་ཕ་རོལ་ཏུ་ཕྱིན་པ་སྟོང་ཕྲག་བརྒྱ་པ་དུམ་བུ་གསུམ་པ་བམ་པོ་བཞི་བཅུ་པོ།།

十萬頌般若波羅蜜多經第三卷第四十品　　(3—1)

74

甘圖 GL.t.210 (R-V)　ཤེས་རབ་ཀྱི་ཕ་རོལ་ཏུ་ཕྱིན་པ་སྟོང་ཕྲག་བརྒྱ་པ་དུམ་བུ་གསུམ་པ་བམ་པོ་བཞི་བཅུ་འོ།།

十萬頌般若波羅蜜多經第三卷第四十品　　（3—2）

75

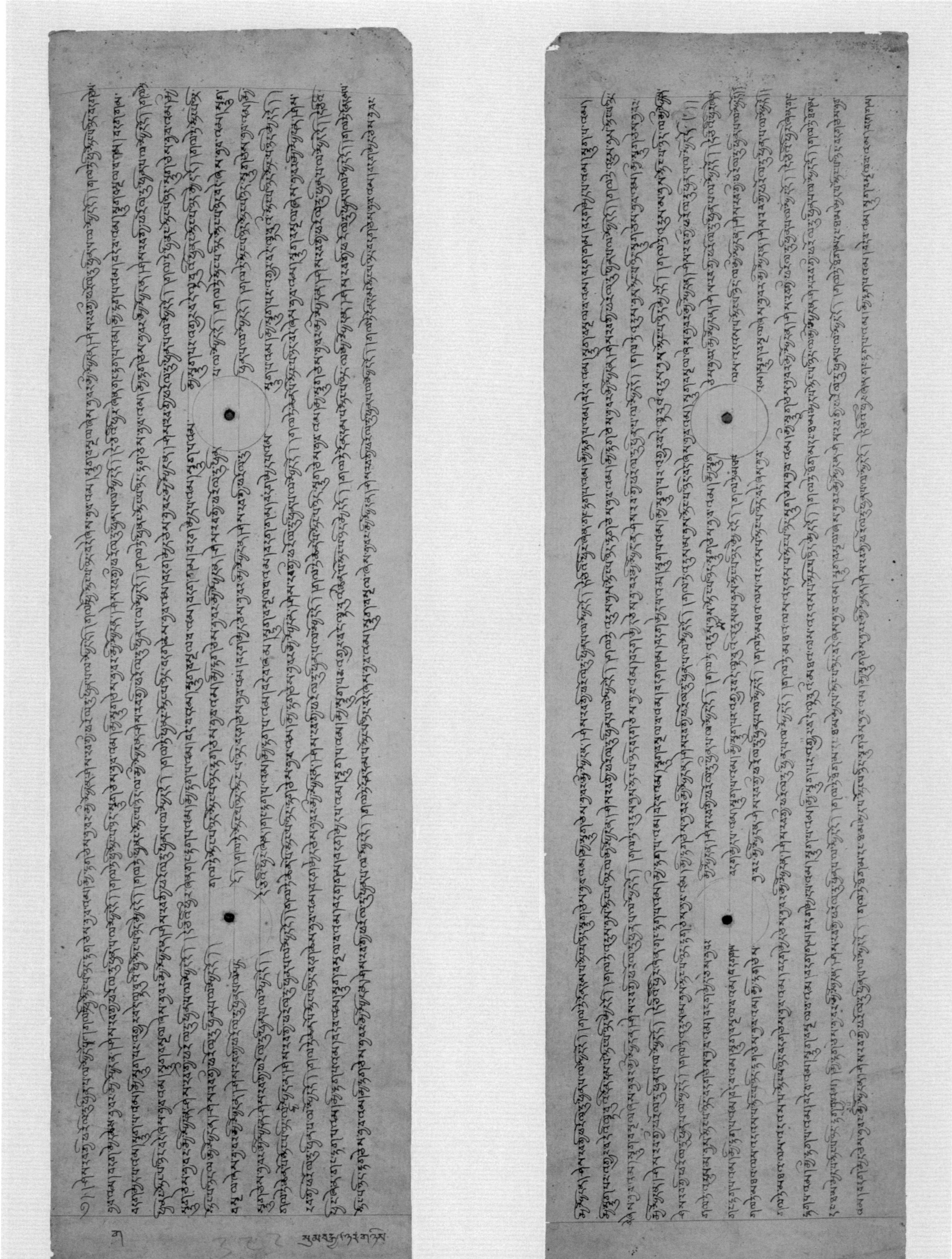

甘圖 GL.t.210 (R-V) ཤེས་རབ་ཀྱི་ཕ་རོལ་ཏུ་ཕྱིན་པ་སྟོང་ཕྲག་བརྒྱ་པ་དུམ་བུ་གསུམ་པ་བམ་པོ་བཞི་བཅུ་བོ།།
十萬頌般若波羅蜜多經第三卷第四十品 (3—3)

甘圖 GL.t.211 (R-V) ཤེས་རབ་ཀྱི་ཕ་རོལ་དུ་ཕྱིན་པ་སྟོང་ཕྲག་བརྒྱ་པ།

十萬頌般若波羅蜜多經

甘圖 GL.t.212 (R-V)　ཤེས་རབ་ཀྱི་ཕ་རོལ་ཏུ་ཕྱིན་པ་སྟོང་ཕྲག་བརྒྱ་པ་དུམ་བུ་གསུམ་པ་བམ་པོ་བཞི་བཅུ་གཅིག་དང་བཞི་
བཅུ་གཉིས་སོ།།

十萬頌般若波羅蜜多經第三卷第四十一、四十二品　　(5—1)

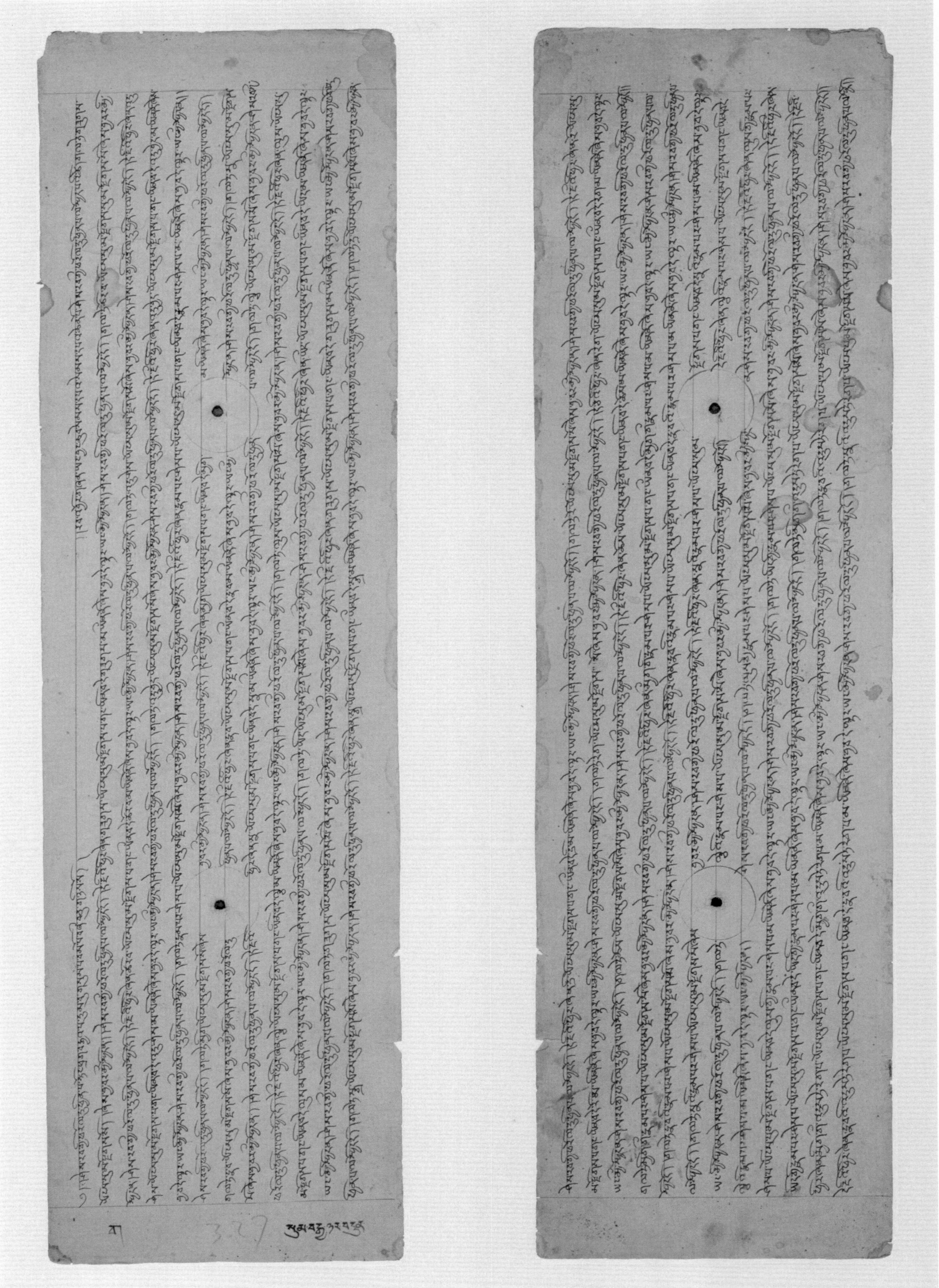

甘圖 GL.t.212 (R-V) ཤེས་རབ་ཀྱི་ཕ་རོལ་ཏུ་ཕྱིན་པ་སྟོང་ཕྲག་བརྒྱ་པ་དུམ་བུ་གསུམ་པ་བམ་པོ་བཞི་བཅུ་གཅིག་དང་བཞི་བཅུ་གཉིས་སོ།།

十萬頌般若波羅蜜多經第三卷第四十一、四十二品 (5—2)

甘圖 GL.t.212 (R-V)　ཤེས་རབ་ཀྱི་ཕ་རོལ་ཏུ་ཕྱིན་པ་སྟོང་ཕྲག་བརྒྱ་པ་དུམ་བུ་གསུམ་པ་བམ་པོ་བཞི་བཅུ་གཅིག་དང་བཞི་
བཅུ་གཉིས་སོ།།

十萬頌般若波羅蜜多經第三卷第四十一、四十二品　　(5—3)

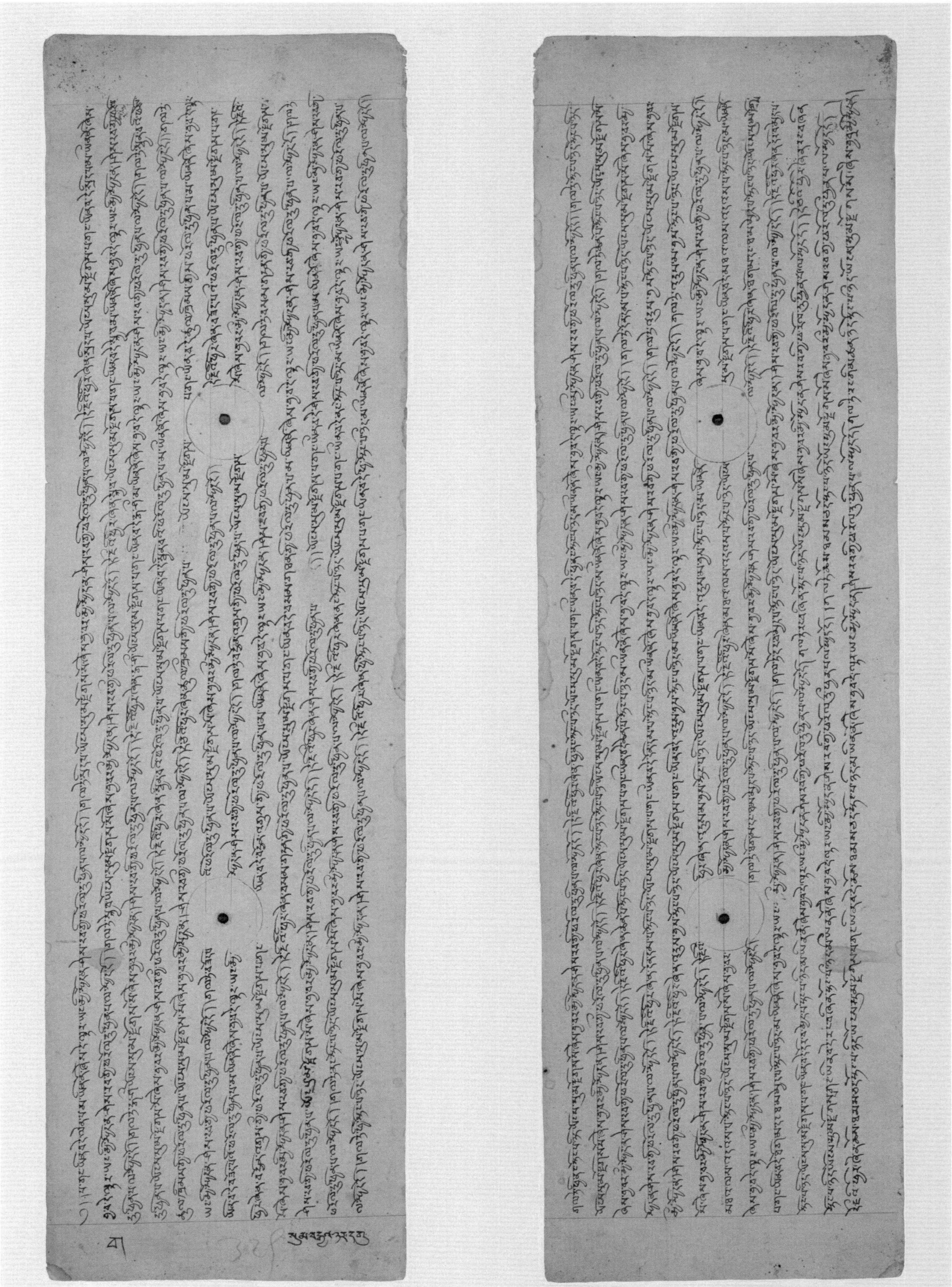

甘圖 GL.t.212 (R-V) ཤེས་རབ་ཀྱི་ཕ་རོལ་ཏུ་ཕྱིན་པ་སྟོང་ཕྲག་བརྒྱ་པ་དུམ་བུ་གསུམ་པ་བམ་པོ་བཞི་བཅུ་གཅིག་དང་བཞི་བཅུ་གཉིས་སོ།།

十萬頌般若波羅蜜多經第三卷第四十一、四十二品 (5—4)

甘圖 GL.t.212 (R-V)　ཤེས་རབ་ཀྱི་ཕ་རོལ་དུ་ཕྱིན་པ་སྟོང་ཕྲག་བརྒྱ་པ་དུམ་བུ་གསུམ་པ་བམ་པོ་བཞི་བཅུ་གཅིག་དང་བཞི་
བཅུ་གཉིས་སོ།།

十萬頌般若波羅蜜多經第三卷第四十一、四十二品　　(5—5)

甘圖 GL.t.213 (R-V)　ཤེས་རབ་ཀྱི་ཕ་རོལ་ཏུ་ཕྱིན་པ་སྟོང་ཕྲག་བརྒྱ་པ།

十萬頌般若波羅蜜多經

甘圖 GL.t.214 (R-V)　ཤེས་རབ་ཀྱི་ཕ་རོལ་ཏུ་ཕྱིན་པ་སྟོང་ཕྲག་བརྒྱ་པ།

十萬頌般若波羅蜜多經　　(3—1)

84

甘圖 GL.t.214 (R-V)　ཤེས་རབ་ཀྱི་ཕ་རོལ་ཏུ་ཕྱིན་པ་སྟོང་ཕྲག་བརྒྱ་པ།
十萬頌般若波羅蜜多經　　(3—2)

甘圖 GL.t.214 (R-V)　ཤེས་རབ་ཀྱི་ཕ་རོལ་ཏུ་ཕྱིན་པ་སྟོང་ཕྲག་བརྒྱ་པ།

十萬頌般若波羅蜜多經　　(3—3)

甘圖 GL.t.215 (R-V)　ཤེས་རབ་ཀྱི་ཕ་རོལ་ཏུ་ཕྱིན་པ་སྟོང་ཕྲག་བརྒྱ་པ།

十萬頌般若波羅蜜多經

甘圖 GL.t.216 (R-V)　ཤེས་རབ་ཀྱི་ཕ་རོལ་ཏུ་ཕྱིན་པ་སྟོང་ཕྲག་བརྒྱ་པ།
十萬頌般若波羅蜜多經

88

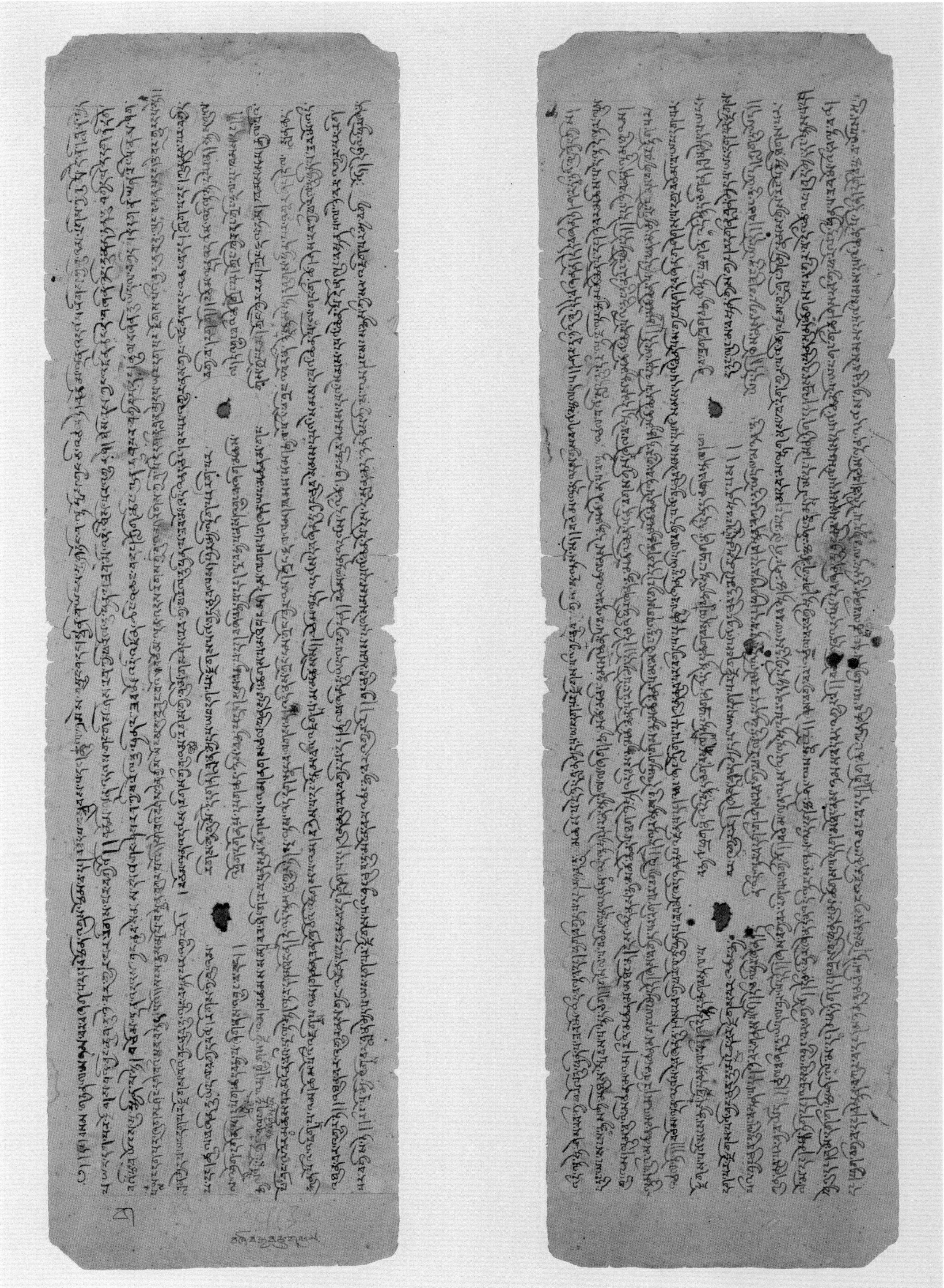

甘圖 GL.t.217 (R-V)　ཤེས་རབ་ཀྱི་ཕ་རོལ་ཏུ་ཕྱིན་པ་སྟོང་ཕྲག་བརྒྱ་པ།
十萬頌般若波羅蜜多經　(8—1)

甘圖 GL.t.217 (R-V)　ཤེས་རབ་ཀྱི་ཕ་རོལ་ཏུ་ཕྱིན་པ་སྟོང་ཕྲག་བརྒྱ་པ།

十萬頌般若波羅蜜多經　　(8—2)

甘圖 GL.t.217 (R-V)　ཤེས་རབ་ཀྱི་ཕ་རོལ་ཏུ་ཕྱིན་པ་སྟོང་ཕྲག་བརྒྱ་པ།
十萬頌般若波羅蜜多經　　(8—3)

甘圖 GL.t.217 (R-V)　ཤེས་རབ་ཀྱི་ཕ་རོལ་དུ་ཕྱིན་པ་སྟོང་ཕྲག་བརྒྱ་པ།

十萬頌般若波羅蜜多經　　(8—5)

甘圖 GL.t.217 (R-V)　ཤེས་རབ་ཀྱི་ཕ་རོལ་ཏུ་ཕྱིན་པ་སྟོང་ཕྲག་བརྒྱ་པ།

十萬頌般若波羅蜜多經　　(8—6)

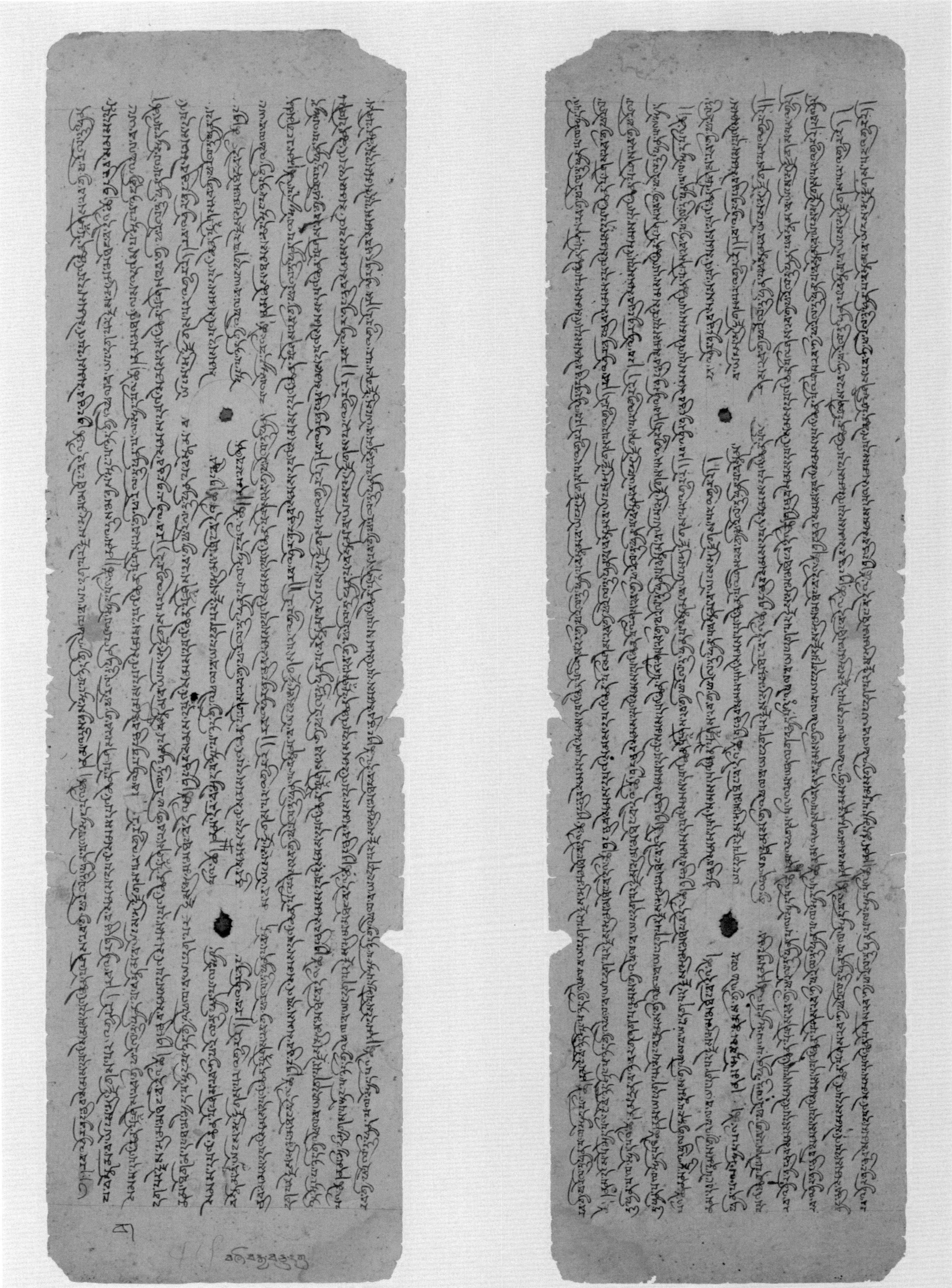

甘圖 GL.t.217 (R-V)　ཤེས་རབ་ཀྱི་ཕ་རོལ་ཏུ་ཕྱིན་པ་སྟོང་ཕྲག་བརྒྱ་པ།

十萬頌般若波羅蜜多經　　(8—7)

甘圖 GL.t.217 (R-V)　ཤེས་རབ་ཀྱི་ཕ་རོལ་ཏུ་ཕྱིན་པ་སྟོང་ཕྲག་བརྒྱ་པ།

十萬頌般若波羅蜜多經　　(8—8)

96

甘圖 GL.t.218 (R-V)　ཤེས་རབ་ཀྱི་ཕ་རོལ་ཏུ་ཕྱིན་པ་སྟོང་ཕྲག་བརྒྱ་པ་དུམ་བུ་གསུམ་པ་བམ་པོ་ལྔ་བཅུ་གསུམ་མོ།།

十萬頌般若波羅蜜多經第三卷第五十三品　　(6—1)

甘圖 GL.t.218 (R-V)　ཤེས་རབ་ཀྱི་ཕ་རོལ་ཏུ་ཕྱིན་པ་སྟོང་ཕྲག་བརྒྱད་པ་དུམ་བུ་གསུམ་པ་བམ་པོ་ལྔ་བཅུ་གསུམ་མོ།།

十萬頌般若波羅蜜多經第三卷第五十三品　　(6—2)

甘圖 GL.t.218 (R-V)　ཤེས་རབ་ཀྱི་ཕ་རོལ་ཏུ་ཕྱིན་པ་སྟོང་ཕྲག་བརྒྱད་པ་དུམ་བུ་གསུམ་པ་བམ་པོ་ལྔ་བཅུ་གསུམ་མོ།།

十萬頌般若波羅蜜多經第三卷第五十三品　　(6—3)

甘圖 GL.t.218 (R-V) ཤེས་རབ་ཀྱི་ཕ་རོལ་ཏུ་ཕྱིན་པ་སྟོང་ཕྲག་བརྒྱ་པ་དུམ་བུ་གསུམ་པ་བམ་པོ་ལྔ་བཅུ་གསུམ་མོ།།
十萬頌般若波羅蜜多經第三卷第五十三品 　(6—4)

甘圖 GL.t.218 (R-V)　ཤེས་རབ་ཀྱི་ཕ་རོལ་ཏུ་ཕྱིན་པ་སྟོང་ཕྲག་བརྒྱ་པ་དུམ་བུ་གསུམ་པ་བམ་པོ་ལྔ་བཅུ་གསུམ་མོ།།

十萬頌般若波羅蜜多經第三卷第五十三品　　(6—5)

甘圖 GL.t.218 (R-V) ཤེས་རབ་ཀྱི་ཕ་རོལ་ཏུ་ཕྱིན་པ་སྟོང་ཕྲག་བརྒྱ་པ་དུམ་བུ་གསུམ་པ་བམ་པོ་ལྔ་བཅུ་གསུམ་མོ།།

十萬頌般若波羅蜜多經第三卷第五十三品　　(6—6)

102

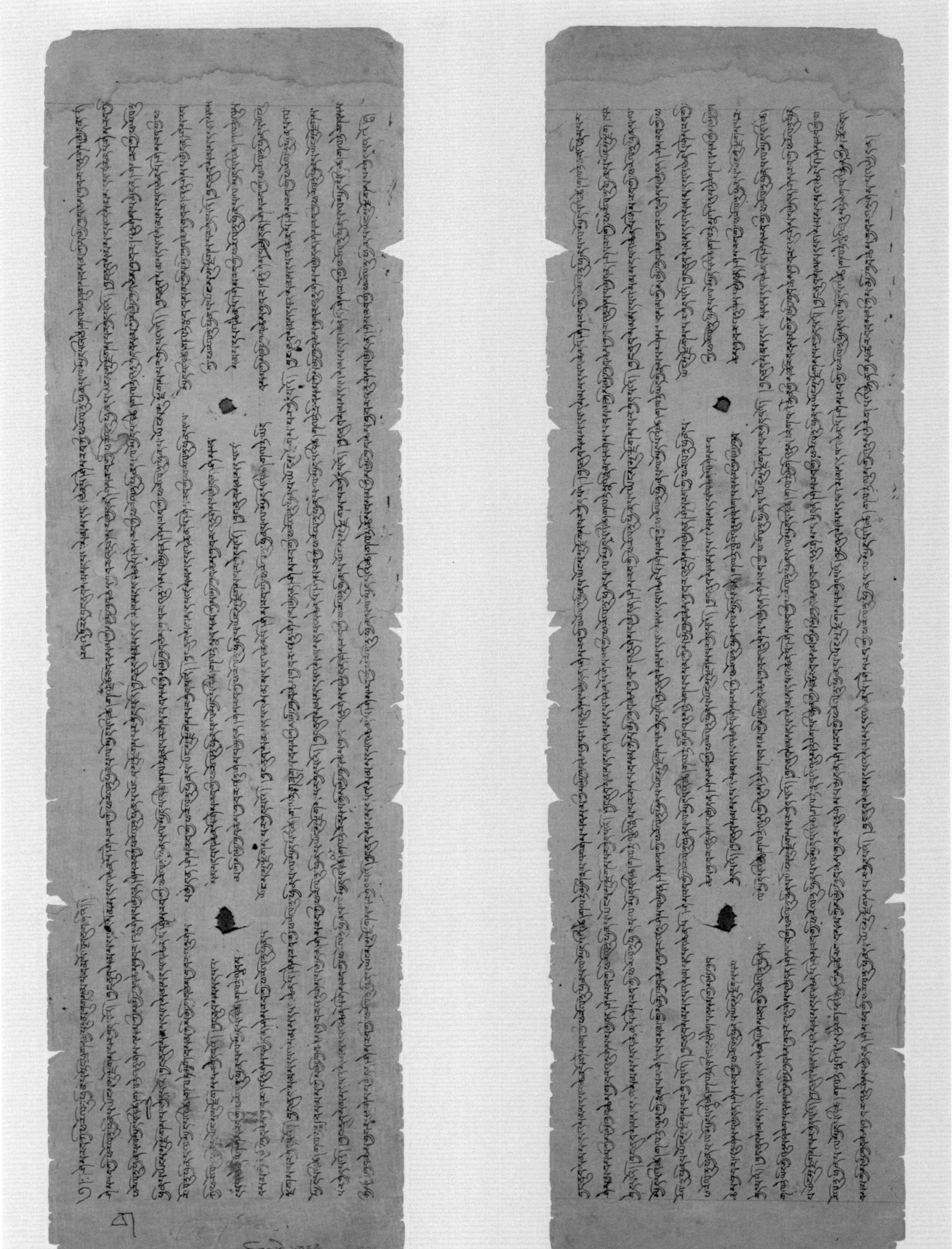

甘圖 GL.t.219 (R-V) ཤེས་རབ་ཀྱི་ཕ་རོལ་ཏུ་ཕྱིན་པ་སྟོང་ཕྲག་བརྒྱ་པ་དུམ་བུ་གསུམ་པ་བམ་པོ་ལྔ་བཅུ་བཞི་པོ།།

十萬頌般若波羅蜜多經第三卷第五十四品 (6—1)

甘圖 GL.t.219 (R-V) ཤེས་རབ་ཀྱི་ཕ་རོལ་ཏུ་ཕྱིན་པ་སྟོང་ཕྲག་བརྒྱ་པ་དུམ་བུ་གསུམ་པ་བམ་པོ་ལྔ་བཅུ་བཞི་པོ།།
十萬頌般若波羅蜜多經第三卷第五十四品 (6—2)

甘圖 GL.t.219 (R-V) ཤེས་རབ་ཀྱི་ཕ་རོལ་ཏུ་ཕྱིན་པ་སྟོང་ཕྲག་བརྒྱ་པ་དུམ་བུ་གསུམ་པ་བམ་པོ་ལྔ་བཅུ་བཞི་པའོ།།
十萬頌般若波羅蜜多經第三卷第五十四品　　(6—3)

105

甘圖 GL.t.219 (R-V)　ཤེས་རབ་ཀྱི་ཕ་རོལ་ཏུ་ཕྱིན་པ་སྟོང་ཕྲག་བརྒྱ་པ་དུམ་བུ་གསུམ་པ་བམ་པོ་ལྔ་བཅུ་བཞི་པོ།།

十萬頌般若波羅蜜多經第三卷第五十四品　　(6—4)

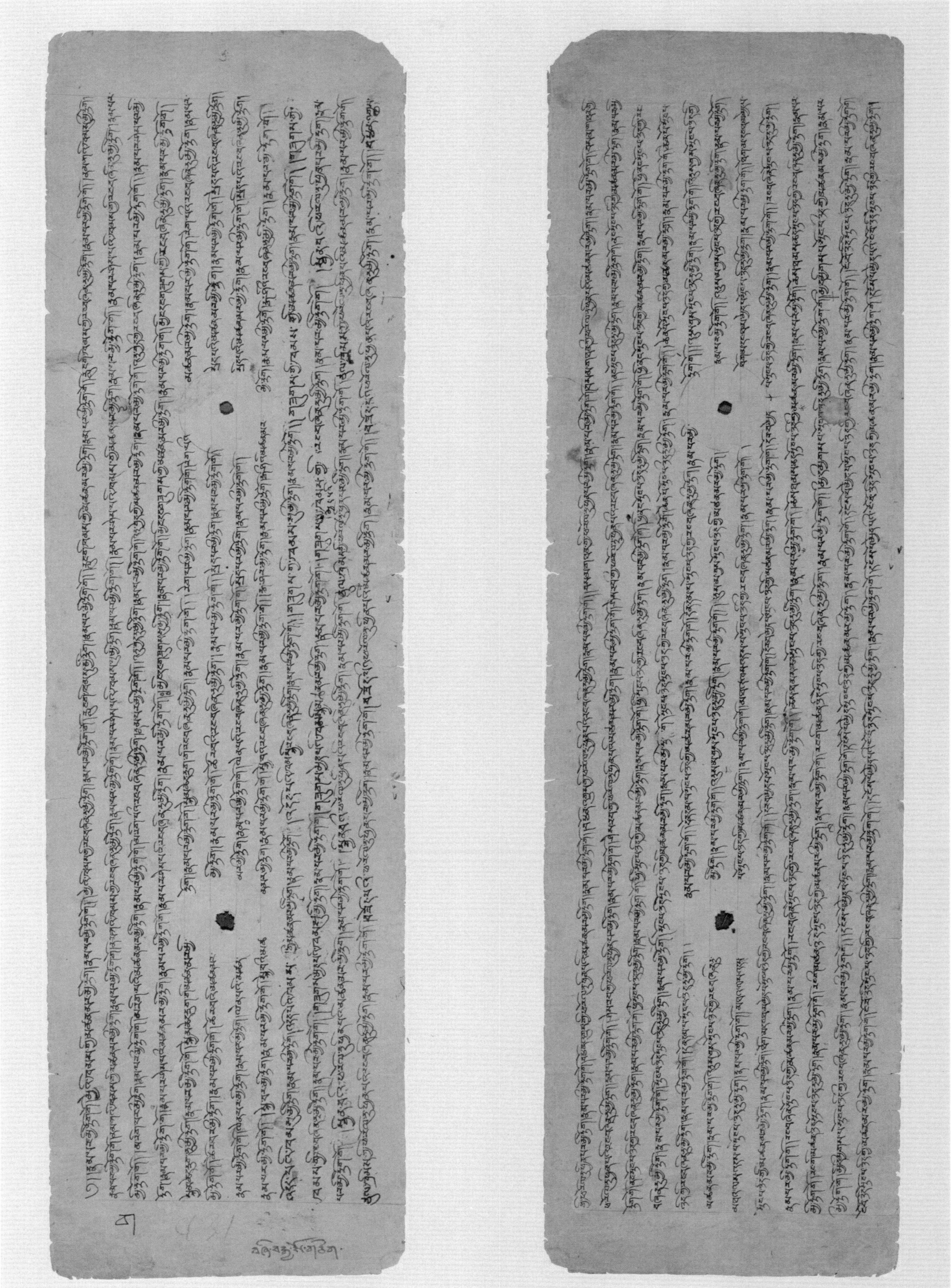

甘圖 GL.t.219 (R-V) ཤེས་རབ་ཀྱི་ཕ་རོལ་ཏུ་ཕྱིན་པ་སྟོང་ཕྲག་བརྒྱ་པ་དུམ་བུ་གསུམ་པ་བམ་པོ་ལྔ་བཅུ་བཞི་པོ།།
十萬頌般若波羅蜜多經第三卷第五十四品 (6—5)

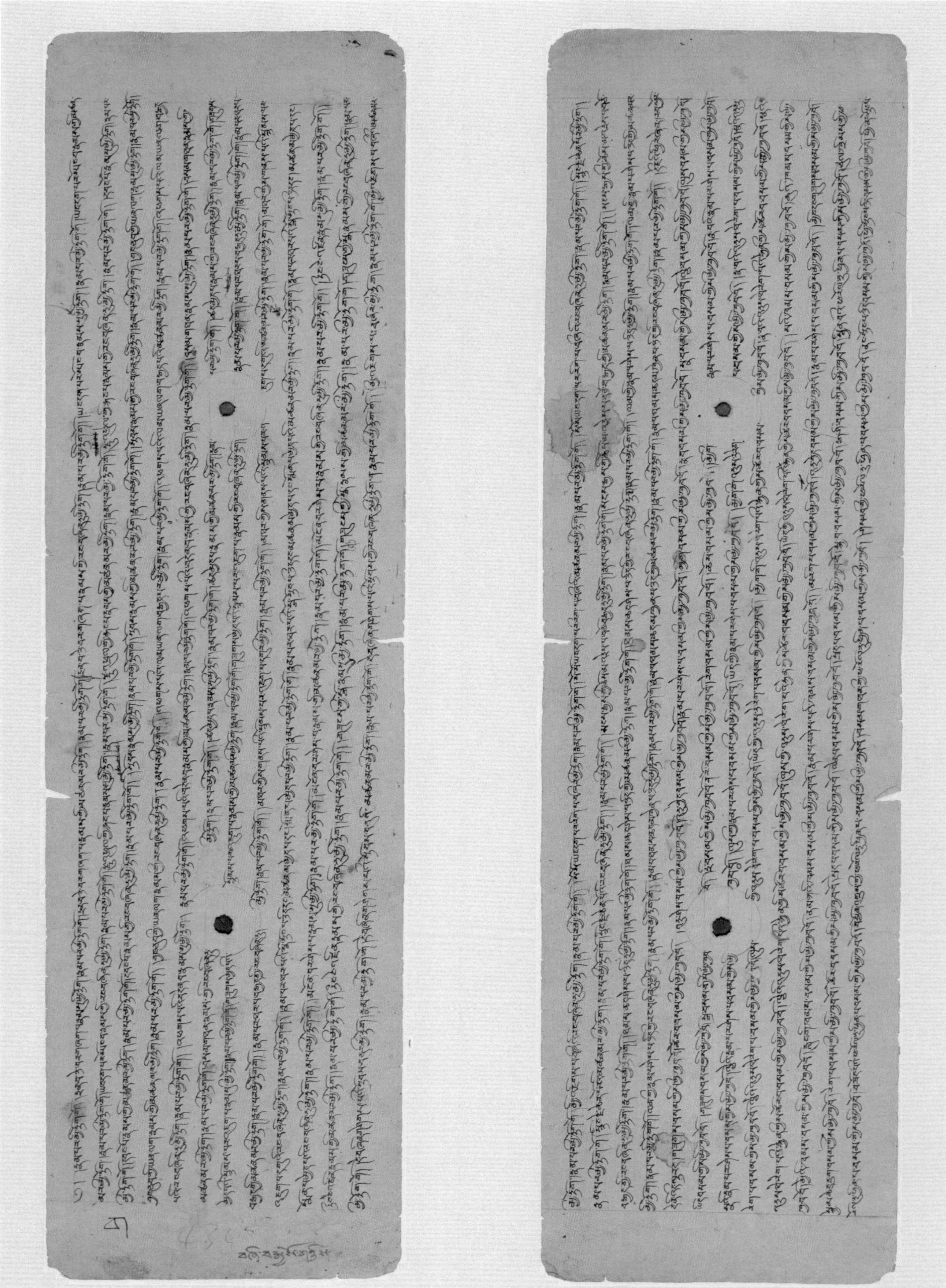

甘圖 GL.t.219 (R-V) ཤེས་རབ་ཀྱི་ཕ་རོལ་ཏུ་ཕྱིན་པ་སྟོང་ཕྲག་བརྒྱ་པ་དུམ་བུ་གསུམ་པ་བམ་པོ་ལྔ་བཅུ་བཞི་པོ།།
十萬頌般若波羅蜜多經第三卷第五十四品 (6—6)

甘圖 GL.t.220 (R-V)　ཤེས་རབ་ཀྱི་ཕ་རོལ་ཏུ་ཕྱིན་པ་སྟོང་ཕྲག་བརྒྱའ་པ་དུམ་བུ་གསུམ་པ་བམ་པོ་ལྔ་བཅུ་ལྔའ་པོ།།

十萬頌般若波羅蜜多經第三卷第五十五品　　(7—1)

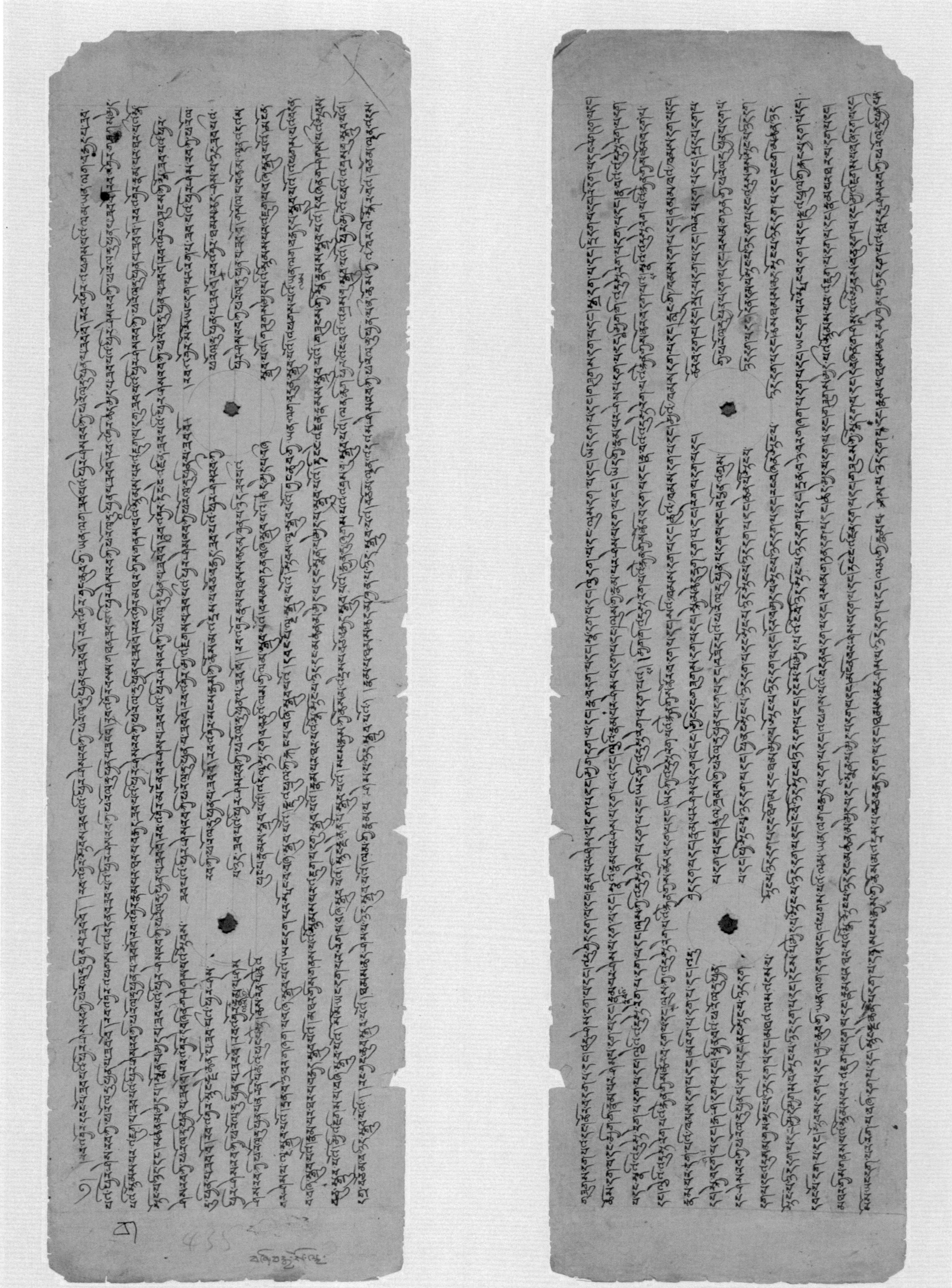

甘圖 GL.t.220 (R-V) ཤེས་རབ་ཀྱི་ཕ་རོལ་ཏུ་ཕྱིན་པ་སྟོང་ཕྲག་བརྒྱ་པ་དུམ་བུ་གསུམ་པ་བམ་པོ་ལྔ་བཅུ་ལྔའོ།།
十萬頌般若波羅蜜多經第三卷第五十五品 (7—2)

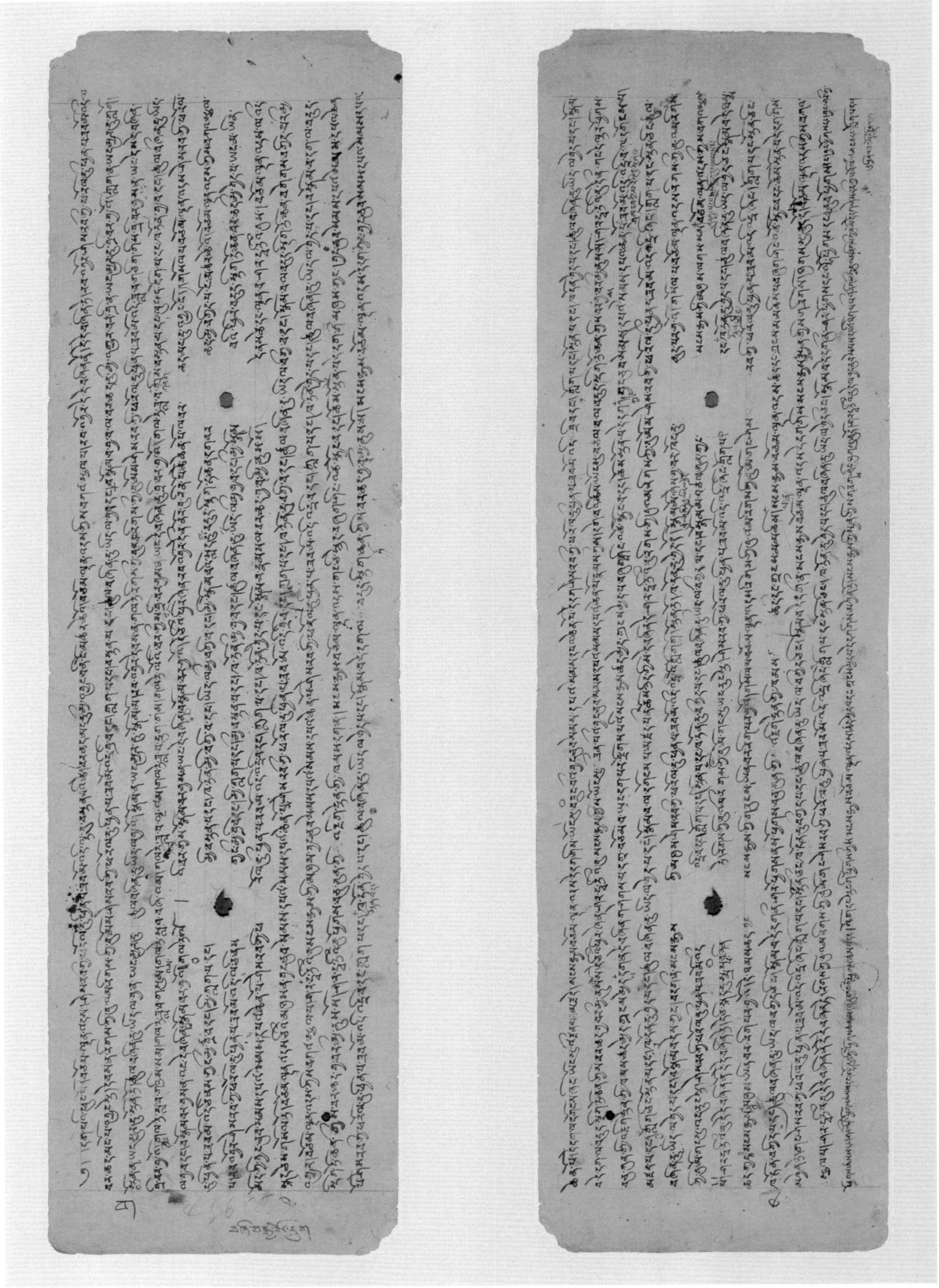

甘圖 GL.t.220 (R-V) ཤེས་རབ་ཀྱི་ཕ་རོལ་ཏུ་ཕྱིན་པ་སྟོང་ཕྲག་བརྒྱ་པ་དུམ་བུ་གསུམ་པ་བམ་པོ་ལྔ་བཅུ་ལྔ་པའོ།།
十萬頌般若波羅蜜多經第三卷第五十五品 (7—3)

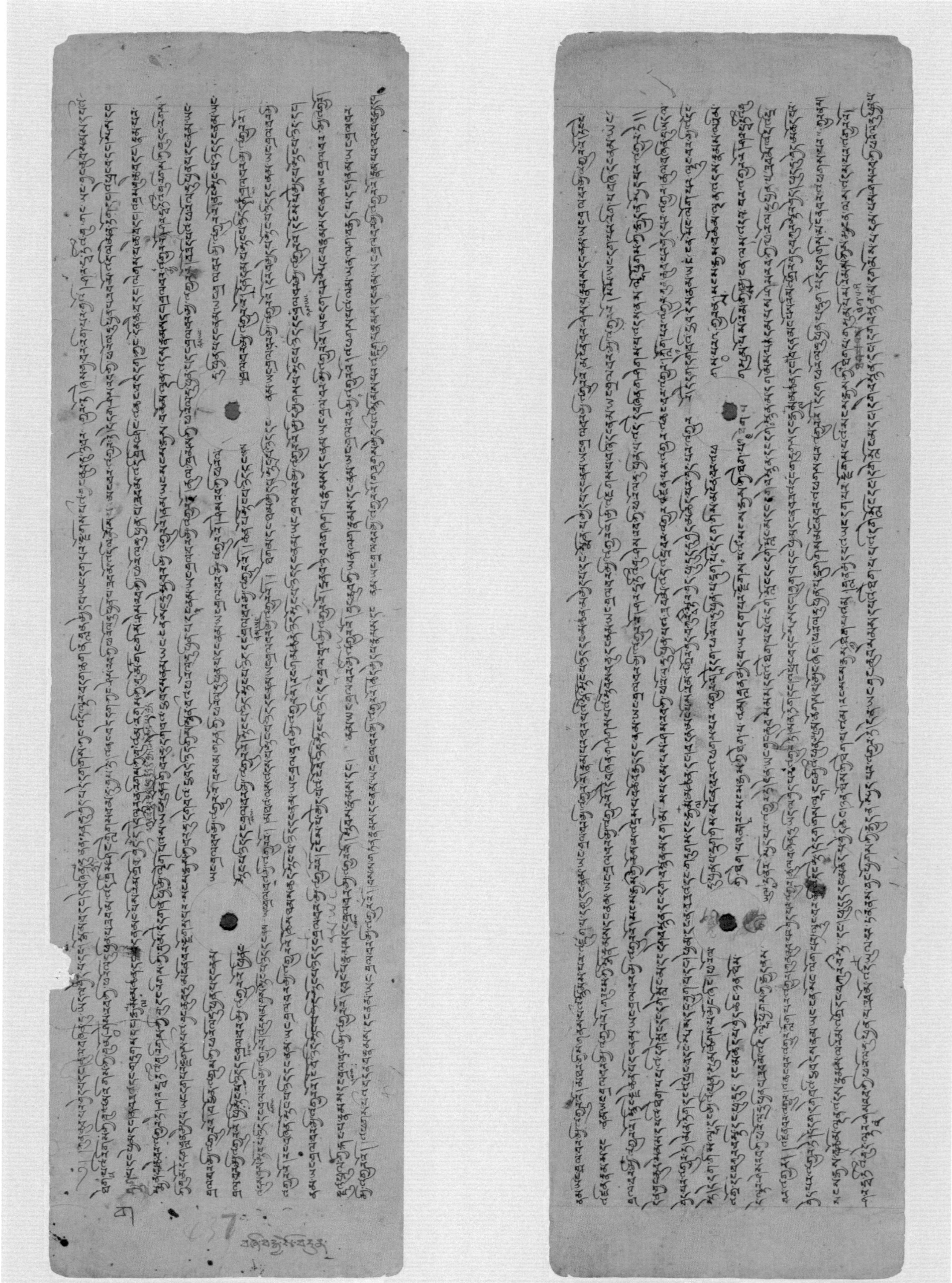

甘圖 GL.t.220 (R-V) ཤེས་རབ་ཀྱི་ཕ་རོལ་ཏུ་ཕྱིན་པ་སྟོང་ཕྲག་བརྒྱ་པ་དུམ་བུ་གསུམ་པ་བམ་པོ་ལྔ་བཅུ་ལྔའོ།།
十萬頌般若波羅蜜多經第三卷第五十五品 (7—4)

甘圖 GL.t.220 (R-V) ཤེས་རབ་ཀྱི་ཕ་རོལ་དུ་ཕྱིན་པ་སྟོང་ཕྲག་བརྒྱའ་པ་དུམ་བུ་གསུམ་པ་བམ་པོ་ལྔ་བཅུ་ལྔ་པའ་འོ།།

十萬頌般若波羅蜜多經第三卷第五十五品　　(7—5)

113

甘圖 GL.t.220 (R-V)　ཤེས་རབ་ཀྱི་ཕ་རོལ་ཏུ་ཕྱིན་པ་སྟོང་ཕྲག་བརྒྱ་པ་དུམ་བུ་གསུམ་པ་བམ་པོ་ལྔ་བཅུ་ལྔ་པའོ།།

十萬頌般若波羅蜜多經第三卷第五十五品　　　(7—6)

114

甘圖 GL.t.220 (R-V) ཤེས་རབ་ཀྱི་ཕ་རོལ་ཏུ་ཕྱིན་པ་སྟོང་ཕྲག་བརྒྱ་པ་དུམ་བུ་གསུམ་པ་བམ་པོ་ལྔ་བཅུ་ལྔ་པའོ།།

十萬頌般若波羅蜜多經第三卷第五十五品　　（7—7）

115

甘圖 GL.t.221 (R-V) ཤེས་རབ་ཀྱི་ཕ་རོལ་ཏུ་ཕྱིན་པ་སྟོང་ཕྲག་བརྒྱ་པ།
十萬頌般若波羅蜜多經　　(4—1)

116

甘圖 GL.t.221 (R-V)　ཤེས་རབ་ཀྱི་ཕ་རོལ་ཏུ་ཕྱིན་པ་སྟོང་ཕྲག་བརྒྱ་པ།

十萬頌般若波羅蜜多經　　(4—2)

甘圖 GL.t.221 (R-V)　ཤེས་རབ་ཀྱི་ཕ་རོལ་དུ་ཕྱིན་པ་སྟོང་ཕྲག་བརྒྱ་པ།

十萬頌般若波羅蜜多經　　(4—3)

甘圖 GL.t.221 (R-V)　ཤེས་རབ་ཀྱི་ཕ་རོལ་དུ་ཕྱིན་པ་སྟོང་ཕྲག་བརྒྱ་པ།

十萬頌般若波羅蜜多經　　(4—4)

甘圖 GL.t.222 (R-V)　ཤེས་རབ་ཀྱི་ཕ་རོལ་ཏུ་ཕྱིན་པ་སྟོང་ཕྲག་བརྒྱ་པ་དུམ་བུ་གསུམ་པ་བམ་པོ་ལྔ་བཅུ་བདུན་ནོ།།
十萬頌般若波羅蜜多經第三卷第五十七品　　(9—1)

120

甘圖 GL.t.222 (R-V)　ཤེས་རབ་ཀྱི་ཕ་རོལ་ཏུ་ཕྱིན་པ་སྟོང་ཕྲག་བརྒྱ་པ་དུམ་བུ་གསུམ་པ་བམ་པོ་ལྔ་བཅུ་བདུན་ནོ།།

十萬頌般若波羅蜜多經第三卷第五十七品　(9—2)

甘圖 GL.t.222 (R-V)　ཤེས་རབ་ཀྱི་ཕ་རོལ་དུ་ཕྱིན་པ་སྟོང་ཕྲག་བརྒྱའ་པ་དུམ་བུ་གསུམ་པ་བམ་པོ་ལྔ་བཅུ་བདུན་ནོ།།

十萬頌般若波羅蜜多經第三卷第五十七品　　(9—3)

甘圖 GL.t.222 (R-V)　ཤེས་རབ་ཀྱི་ཕ་རོལ་ཏུ་ཕྱིན་པ་སྟོང་ཕྲག་བརྒྱ་པ་དུམ་བུ་གསུམ་པ་བམ་པོ་ལྔ་བཅུ་བདུན་ནོ།།

十萬頌般若波羅蜜多經第三卷第五十七品　　（9—4）

甘圖 GL.t.222 (R-V)　ཤེས་རབ་ཀྱི་ཕ་རོལ་ཏུ་ཕྱིན་པ་སྟོང་ཕྲག་བཀྱའ་པ་དུམ་བུ་གསུམ་པ་བམ་པོ་ལྔ་བཅུ་བདུན་ནོ།།
十萬頌般若波羅蜜多經第三卷第五十七品　　(9—5)

甘圖 GL.t.222 (R-V) ཤེས་རབ་ཀྱི་ཕ་རོལ་དུ་ཕྱིན་པ་སྟོང་ཕྲག་བརྒྱའི་པ་དུམ་བུ་གསུམ་པ་བམ་པོ་ལྔ་བཅུ་བདུན་ནོ།།

十萬頌般若波羅蜜多經第三卷第五十七品　　(9—6)

125

甘圖 GL.t.222 (R-V)　ཤེས་རབ་ཀྱི་ཕ་རོལ་ཏུ་ཕྱིན་པ་སྟོང་ཕྲག་བརྒྱ་བ་དུམ་བུ་གསུམ་པ་བམ་པོ་ལྔ་བཅུ་བདུན་ནོ།།

甘圖 GL.t.222 (R-V)　ཤེས་རབ་ཀྱི་ཕ་རོལ་ཏུ་ཕྱིན་པ་སྟོང་ཕྲག་བརྒྱ་པ་དུམ་བུ་གསུམ་པ་བམ་པོ་ལྔ་བཅུ་བདུན་ནོ།།
十萬頌般若波羅蜜多經第三卷第五十七品　　（9—8）

127

甘圖 GL.t.222 (R-V)　ཤེས་རབ་ཀྱི་ཕ་རོལ་དུ་ཕྱིན་པ་སྟོང་ཕྲག་བརྒྱ་པ་དུམ་བུ་གསུམ་པ་བམ་པོ་ལྔ་བཅུ་བདུན་ནོ།།

十萬頌般若波羅蜜多經第三卷第五十七品　　(9—9)

128

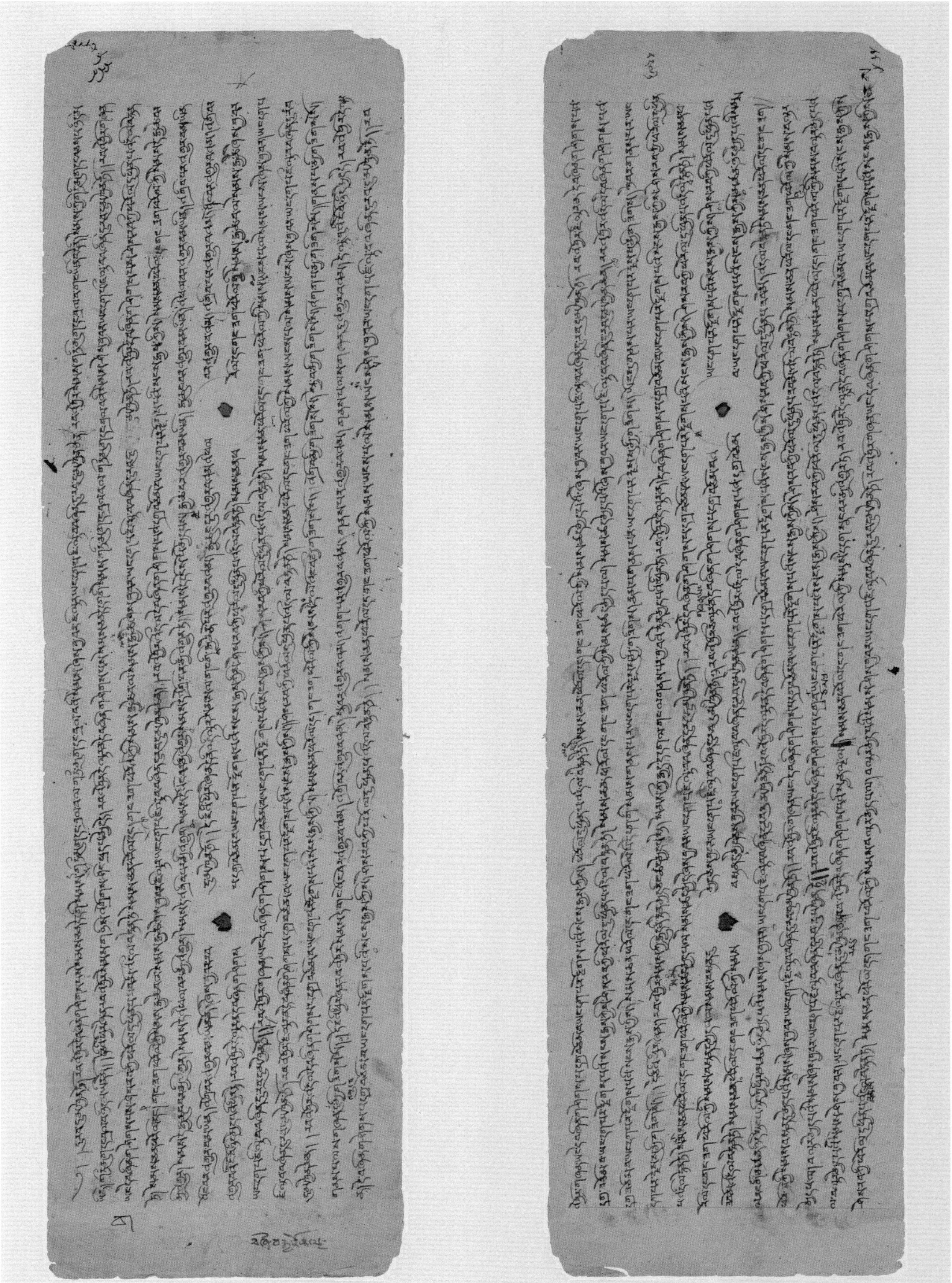

甘圖 GL.t.223 (R-V) ཤེས་རབ་ཀྱི་ཕ་རོལ་ཏུ་ཕྱིན་པ་སྟོང་ཕྲག་བརྒྱ་པ།
十萬頌般若波羅蜜多經 (5—1)

甘圖 GL.t.223 (R-V) ཤེས་རབ་ཀྱི་ཕ་རོལ་ཏུ་ཕྱིན་པ་སྟོང་ཕྲག་བརྒྱ་པ།
十萬頌般若波羅蜜多經 　　(5—2)

甘圖 GL.t.223 (R-V)　ཤེས་རབ་ཀྱི་ཕ་རོལ་ཏུ་ཕྱིན་པ་སྟོང་ཕྲག་བརྒྱ་པ།

十萬頌般若波羅蜜多經　　(5—3)

甘圖 GL.t.223 (R-V)　ཤེས་རབ་ཀྱི་ཕ་རོལ་དུ་ཕྱིན་པ་སྟོང་ཕྲག་བརྒྱ་པ།
十萬頌般若波羅蜜多經　　(5—4)

132

甘圖 GL.t.223 (R-V) ཤེས་རབ་ཀྱི་ཕ་རོལ་དུ་ཕྱིན་པ་སྟོང་ཕྲག་བརྒྱ་པ།

十萬頌般若波羅蜜多經　　(5—5)

甘圖 GL.t.224 (R-V)　ཤེས་རབ་ཀྱི་ཕ་རོལ་ཏུ་ཕྱིན་པ་སྟོང་ཕྲག་བརྒྱ་པ་དུམ་བུ་གསུམ་པ་བམ་པོ་དྲུག་ཅུ་པའོ།།

十萬頌般若波羅蜜多經第三卷第六十品　　(6—1)

134

甘圖 GL.t.224 (R-V)　ཤེས་རབ་ཀྱི་ཕ་རོལ་དུ་ཕྱིན་པ་སྟོང་ཕྲག་བརྒྱ་པ་དུམ་བུ་གསུམ་པ་བམ་པོ་དྲུག་ཅུ་པའོ།།

十萬頌般若波羅蜜多經第三卷第六十品　　(6—2)

甘圖 GL.t.224 (R-V)　ཤེས་རབ་ཀྱི་ཕ་རོལ་ཏུ་ཕྱིན་པ་སྟོང་ཕྲག་བརྒྱ་པ་དུམ་བུ་གསུམ་པ་བམ་པོ་དྲུག་ཅུ་པའོ།།

十萬頌般若波羅蜜多經第三卷第六十品　　(6—3)

甘圖 GL.t.224 (R-V) ཤེས་རབ་ཀྱི་ཕ་རོལ་ཏུ་ཕྱིན་པ་སྟོང་ཕྲག་བརྒྱའ་པ་དུམ་བུ་གསུམ་པ་བམ་པོ་དྲུག་ཅུ་པའོ།།
十萬頌般若波羅蜜多經第三卷第六十品 　　 (6—4)

甘圖 GL.t.224 (R-V)　ཤེས་རབ་ཀྱི་ཕ་རོལ་ཏུ་ཕྱིན་པ་སྟོང་ཕྲག་བརྒྱ་པ་དུམ་བུ་གསུམ་པ་བམ་པོ་དྲུག་ཅུ་པའོ།།

十萬頌般若波羅蜜多經第三卷第六十品　　(6—5)

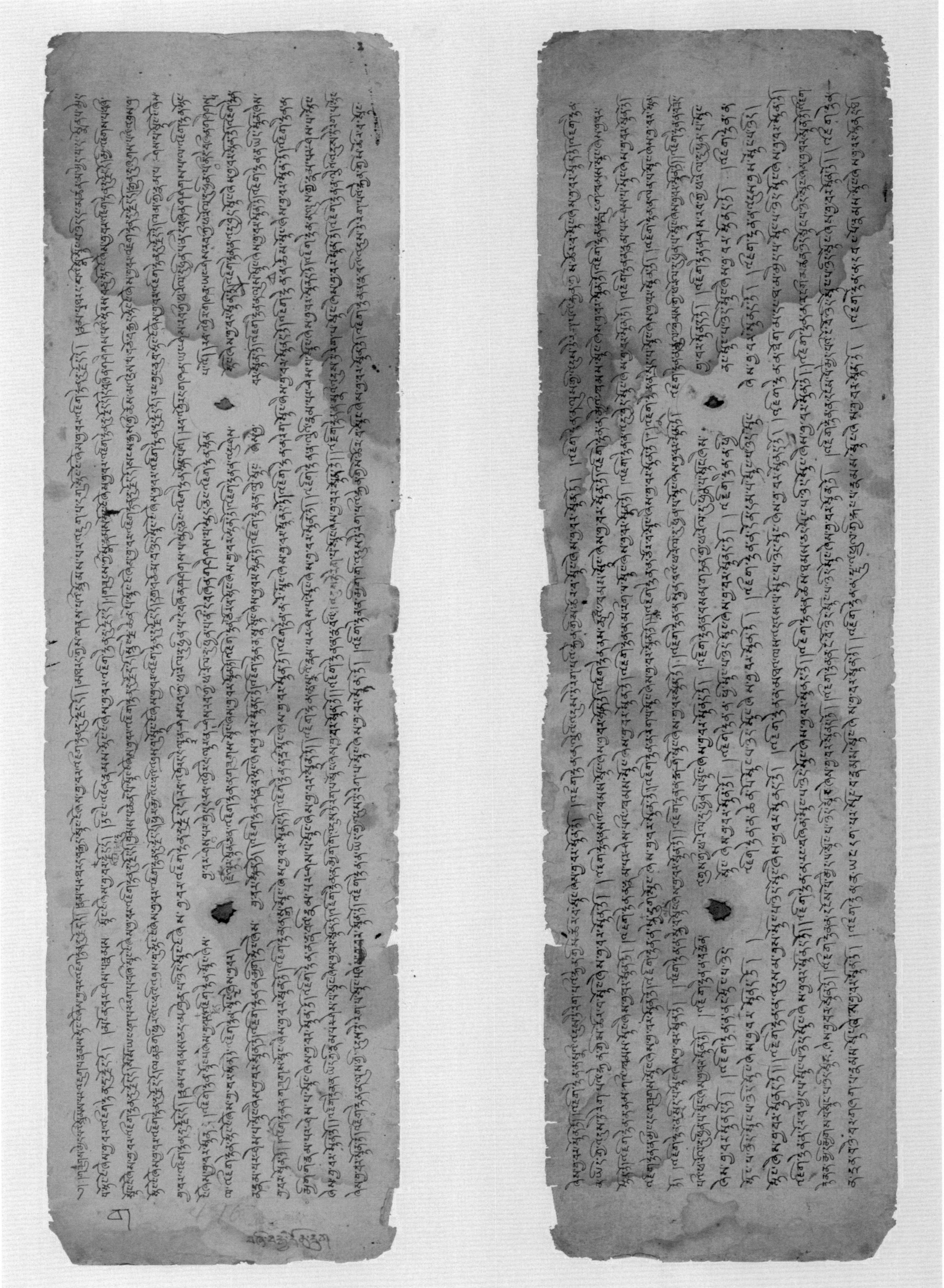

甘圖 GL.t.224 (R-V) ཤེས་རབ་ཀྱི་ཕ་རོལ་ཏུ་ཕྱིན་པ་སྟོང་ཕྲག་བརྒྱའ་པ་དུམ་བུ་གསུམ་པ་བམ་པོ་དྲུག་ཅུ་བོ།།
十萬頌般若波羅蜜多經第三卷第六十品　(6—6)

甘圖 GL.t.225 (R-V)　ཤེས་རབ་ཀྱི་ཕ་རོལ་དུ་ཕྱིན་པ་སྟོང་ཕྲག་བརྒྱའ་པ་དུམ་བུ་གསུམ་པ་བམ་པོ་དྲུག་ཅུ་གཅིག་གོ།།

十萬頌般若波羅蜜多經第三卷第六十一品　　(9—1)

140

甘圖 GL.t.225 (R-V) ཤེས་རབ་ཀྱི་ཕ་རོལ་དུ་ཕྱིན་པ་སྟོང་ཕྲག་བརྒྱ་པ་དུམ་བུ་གསུམ་པ་བམ་པོ་དྲུག་ཅུ་གཅིག་གོ།།

十萬頌般若波羅蜜多經第三卷第六十一品　　(9—2)

甘圖 GL.t.225 (R-V) ཤེས་རབ་ཀྱི་ཕ་རོལ་དུ་ཕྱིན་པ་སྟོང་ཕྲག་བརྒྱའ་པ་དུམ་བུ་གསུམ་པ་བམ་པོ་དྲུག་ཅུ་གཅིག་གོ།།

甘圖 GL.t.225 (R-V)　ཤེས་རབ་ཀྱི་ཕ་རོལ་ཏུ་ཕྱིན་པ་སྟོང་ཕྲག་བརྒྱ་པ་དུམ་བུ་གསུམ་པ་བམ་པོ་དུག་ཅུ་གཅིག་གོ།།
十萬頌般若波羅蜜多經第三卷第六十一品　　(9—4)

甘圖 GL.t.225 (R-V)　ཤེས་རབ་ཀྱི་ཕ་རོལ་ཏུ་ཕྱིན་པ་སྟོང་ཕྲག་བརྒྱ་པ་ལས་བུ་གསུམ་པ་བམ་པོ་དྲུག་ཅུ་གཅིག་གོ།།
十萬頌般若波羅蜜多經第三卷第六十一品　　(9—5)

甘圖 GL.t.225 (R-V) ཤེས་རབ་ཀྱི་ཕ་རོལ་ཏུ་ཕྱིན་པ་སྟོང་ཕྲག་བརྒྱ་པ་དུམ་བུ་གསུམ་པ་བམ་པོ་དྲུག་ཅུ་གཅིག་གོ།།
十萬頌般若波羅蜜多經第三卷第六十一品　　(9—6)

甘圖 GL.t.225 (R-V) ཤེས་རབ་ཀྱི་ཕ་རོལ་ཏུ་ཕྱིན་པ་སྟོང་ཕྲག་བརྒྱ་པ་དུམ་བུ་གསུམ་པ་བམ་པོ་དྲུག་ཅུ་གཅིག་གོ།།།
十萬頌般若波羅蜜多經第三卷第六十一品　　(9—7)

146

甘圖 GL.t.225 (R-V) ཤེས་རབ་ཀྱི་ཕ་རོལ་དུ་ཕྱིན་པ་སྟོང་ཕྲག་བརྒྱ་པ་དུམ་བུ་གསུམ་པ་བམ་པོ་དྲུག་ཅུ་གཅིག་གོ།།
十萬頌般若波羅蜜多經第三卷第六十一品　　（9—8）

147

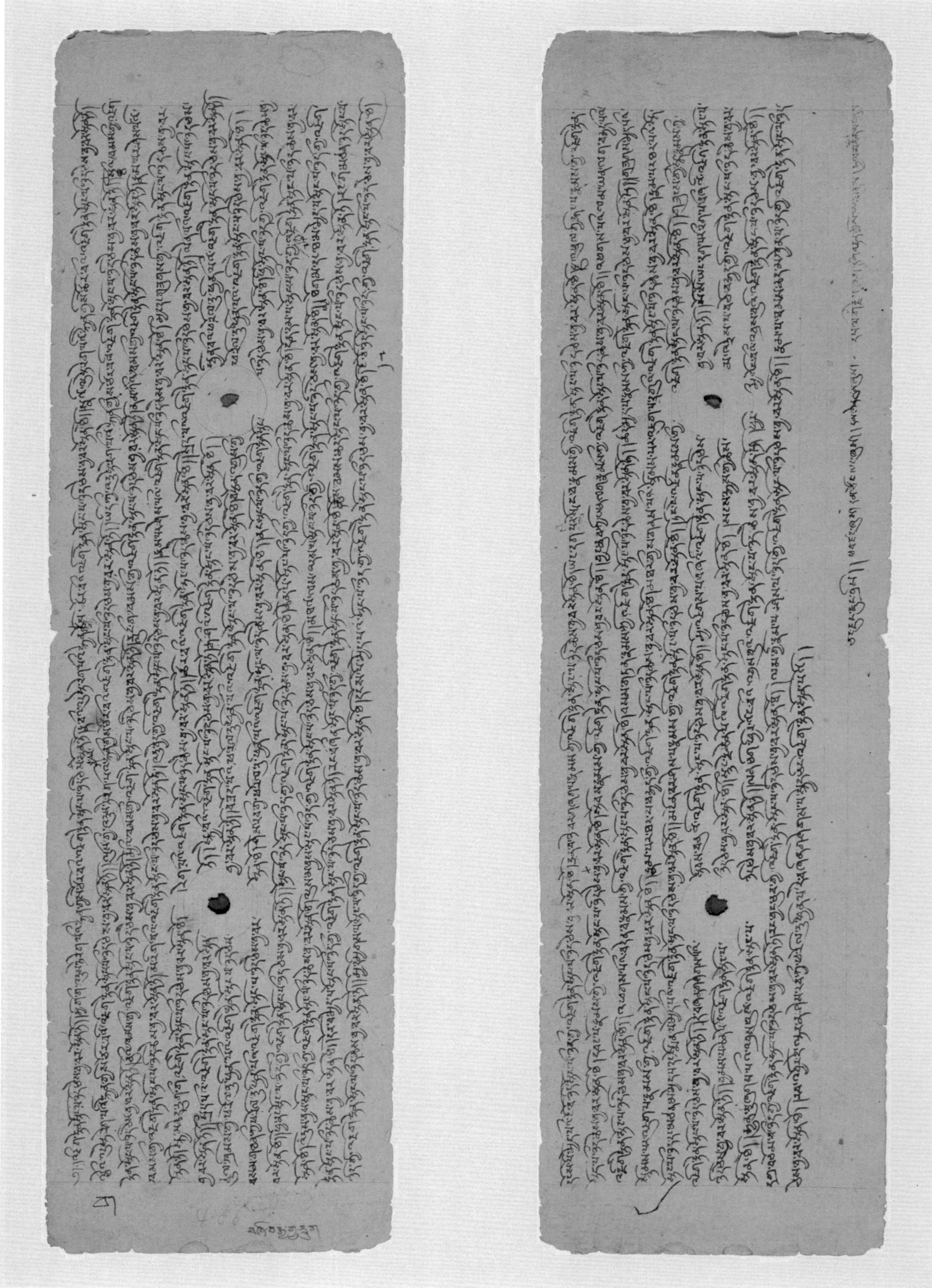

甘圖 GL.t.225 (R-V) ཤེས་རབ་ཀྱི་ཕ་རོལ་ཏུ་ཕྱིན་པ་སྟོང་ཕྲག་བརྒྱའ་པ་དུམ་བུ་གསུམ་པ་བམ་པོ་དྲུག་ཅུ་གཅིག་པོ།།
十萬頌般若波羅蜜多經第三卷第六十一品 (9—9)

甘圖 GL.t.226 (R-V)　ཤེས་རབ་ཀྱི་ཕ་རོལ་ཏུ་ཕྱིན་པ་སྟོང་ཕྲག་བརྒྱ་པ་དུམ་བུ་གསུམ་པ་བམ་པོ་དྲུག་ཅུ་གཉིས་སོ།།

十萬頌般若波羅蜜多經第三卷第六十二品　　(7—1)

甘圖 GL.t.226 (R-V) ཤེས་རབ་ཀྱི་ཕ་རོལ་ཏུ་ཕྱིན་པ་སྟོང་ཕྲག་བརྒྱ་པ་དུམ་བུ་གསུམ་པ་བམ་པོ་དྲུག་ཅུ་གཉིས་སོ།།

十萬頌般若波羅蜜多經第三卷第六十二品　　(7—2)

150

甘圖 GL.t.226 (R-V)　ཤེས་རབ་ཀྱི་ཕ་རོལ་ཏུ་ཕྱིན་པ་སྟོང་ཕྲག་བརྒྱ་པ་དུམ་བུ་གསུམ་པ་བམ་པོ་དྲུག་ཅུ་གཉིས་སོ།།

十萬頌般若波羅蜜多經第三卷第六十二品　　(7—3)

甘圖 GL.t.226 (R-V)　ཤེས་རབ་ཀྱི་ཕ་རོལ་ཏུ་ཕྱིན་པ་སྟོང་ཕྲག་བརྒྱ་པ་དུམ་བུ་གསུམ་པ་བམ་པོ་དྲུག་ཅུ་གཉིས་སོ།།

十萬頌般若波羅蜜多經第三卷第六十二品　　(7—4)

甘圖 GL.t.226 (R-V)　ཤེས་རབ་ཀྱི་ཕ་རོལ་ཏུ་ཕྱིན་པ་སྟོང་ཕྲག་བརྒྱ་པ་དུམ་བུ་གསུམ་པ་བམ་པོ་དྲུག་ཅུ་གཉིས་སོ།།

十萬頌般若波羅蜜多經第三卷第六十二品　　(7—5)

甘圖 GL.t.226 (R-V)　ཤེས་རབ་ཀྱི་ཕ་རོལ་ཏུ་ཕྱིན་པ་སྟོང་ཕྲག་བརྒྱ་པ་དུམ་བུ་གསུམ་པ་བམ་པོ་དྲུག་ཅུ་གཉིས་སོ།།

十萬頌般若波羅蜜多經第三卷第六十二品　　（7—6）

154

甘圖 GL.t.226 (R-V)　ཤེས་རབ་ཀྱི་ཕ་རོལ་ཏུ་ཕྱིན་པ་སྟོང་ཕྲག་བརྒྱ་པ་དུམ་བུ་གསུམ་པ་བམ་པོ་དྲུག་ཅུ་གཉིས་སོ།།
十萬頌般若波羅蜜多經第三卷第六十二品　　(7—7)

甘圖 GL.t.227 (R-V) ཤེས་རབ་ཀྱི་ཕ་རོལ་ཏུ་ཕྱིན་པ་སྟོང་ཕྲག་བརྒྱ་པ།
十萬頌般若波羅蜜多經　　　(4—1)

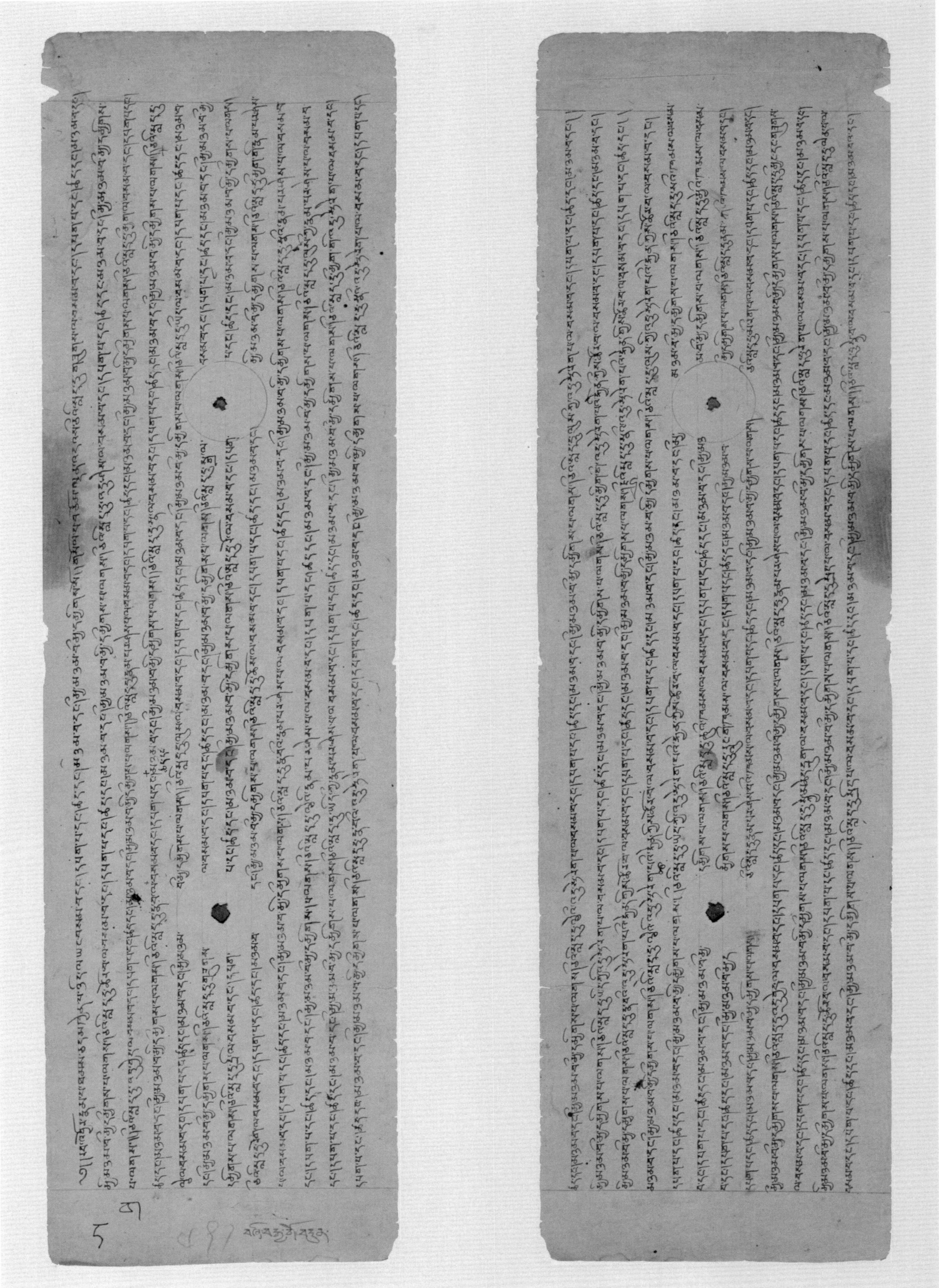

甘圖 GL.t.227 (R-V) ཤེས་རབ་ཀྱི་ཕ་རོལ་ཏུ་ཕྱིན་པ་སྟོང་ཕྲག་བརྒྱ་པ།
十萬頌般若波羅蜜多經 (4—2)

甘圖 GL.t.227 (R-V)   ཤེས་རབ་ཀྱི་ཕ་རོལ་ཏུ་ཕྱིན་པ་སྟོང་ཕྲག་བརྒྱ་པ།
十萬頌般若波羅蜜多經   (4—3)

158

甘圖 GL.t.227 (R-V)　ཤེས་རབ་ཀྱི་ཕ་རོལ་དུ་ཕྱིན་པ་སྟོང་ཕྲག་བརྒྱ་པ།
十萬頌般若波羅蜜多經　　(4—4)

甘圖 GL.t.228 (R-V) ཤེས་རབ་ཀྱི་ཕ་རོལ་ཏུ་ཕྱིན་པ་སྟོང་ཕྲག་བརྒྱ་པ་དུམ་བུ་གསུམ་པ་བམ་པོ་དྲུག་བཅུ་བཞི་པའོ།།

十萬頌般若波羅蜜多經第三卷第六十四品　　(5—1)

160

甘圖 GL.t.228 (R-V)　ཤེས་རབ་ཀྱི་ཕ་རོལ་དུ་ཕྱིན་པ་སྟོང་ཕྲག་བརྒྱལ་པ་དུམ་བུ་གསུམ་པ་བམ་པོ་དྲུག་བཅུ་བཞི་པ༄༅།།

十萬頌般若波羅蜜多經第三卷第六十四品　　(5—2)

甘圖 GL.t.228 (R-V)　ཤེས་རབ་ཀྱི་ཕ་རོལ་ཏུ་ཕྱིན་པ་སྟོང་ཕྲག་བརྒྱ་པ་དུམ་བུ་གསུམ་པ་བམ་པོ་དྲུག་བཅུ་བཞི་པའོ།།
十萬頌般若波羅蜜多經第三卷第六十四品　　　(5—3)

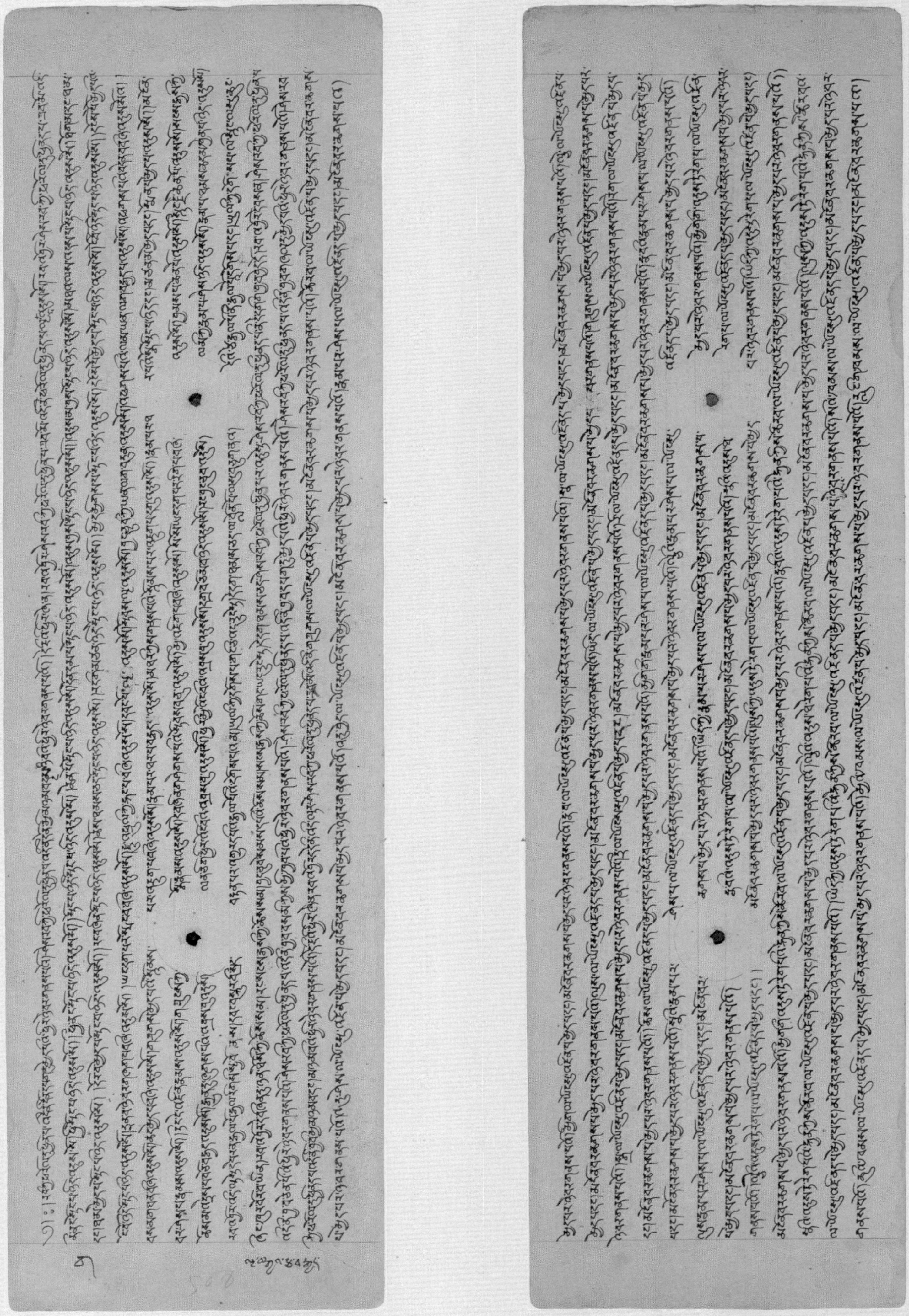

甘圖 GL.t.228 (R-V) ཤེས་རབ་ཀྱི་ཕ་རོལ་ཏུ་ཕྱིན་པ་སྟོང་ཕྲག་བརྒྱ་པ་དུམ་བུ་གསུམ་པ་བམ་པོ་དྲུག་བཅུ་བཞི་པོ།།
十萬頌般若波羅蜜多經第三卷第六十四品 (5—4)

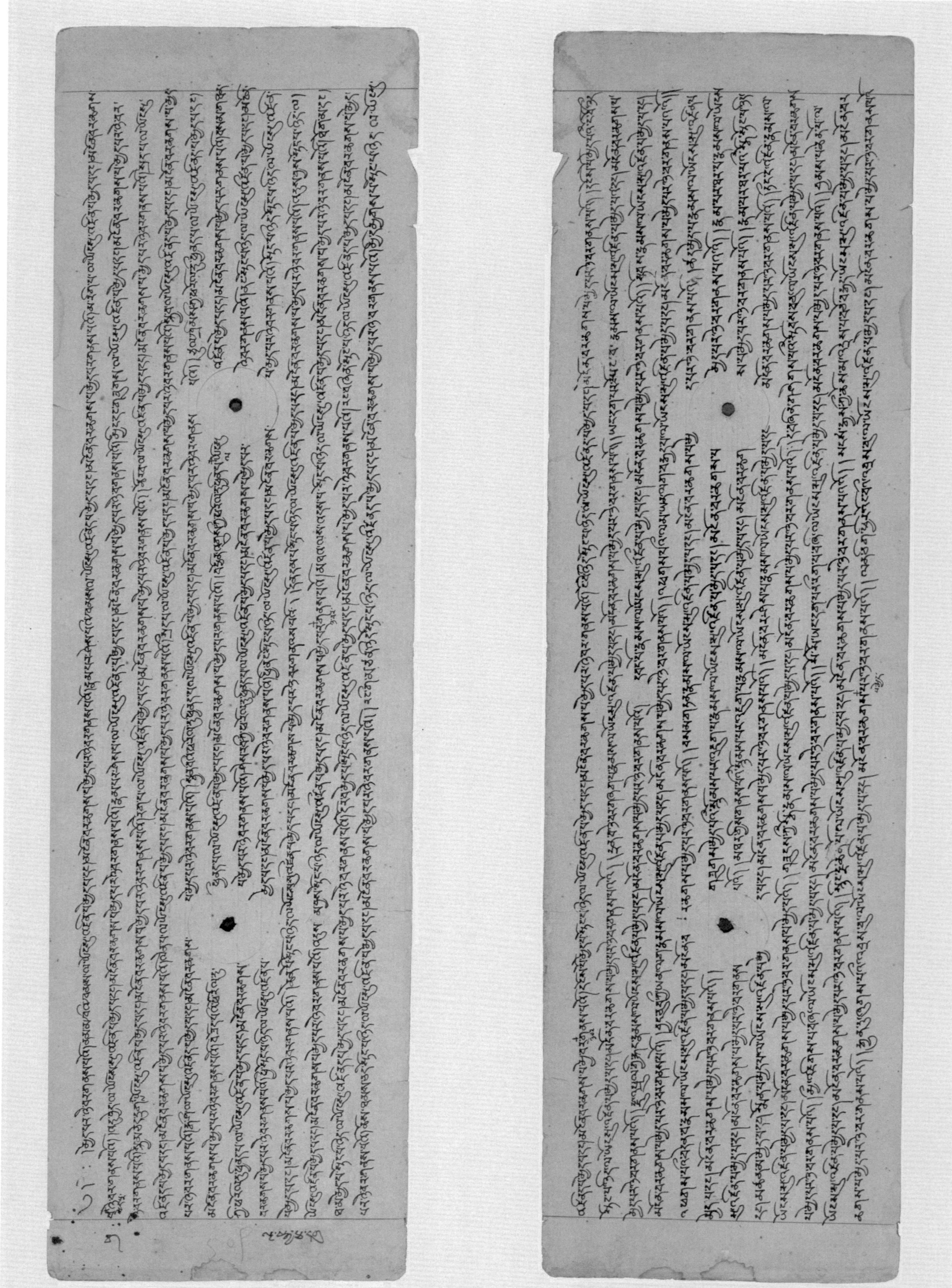

甘圖 GL.t.228 (R-V) ཤེས་རབ་ཀྱི་ཕ་རོལ་ཏུ་ཕྱིན་པ་སྟོང་ཕྲག་བརྒྱའ་པ་དུམ་བུ་གསུམ་པ་བམ་པོ་དྲུག་བཅུ་བཞི་པོ།།

十萬頌般若波羅蜜多經第三卷第六十四品　　(5—5)

甘圖 GL.t.229 (R-V) ཤེས་རབ་ཀྱི་ཕ་རོལ་ཏུ་ཕྱིན་པ་སྟོང་བརྒྱ་པ་དུམ་བུ་གསུམ་པ་བམ་པོ་དྲུག་ཅུ་བཞི་པོ།།

十萬頌般若波羅蜜多經第三卷第六十四品　　(3—1)

甘圖 GL.t.229 (R-V) ཤེས་རབ་ཀྱི་ཕ་རོལ་ཏུ་ཕྱིན་པ་སྟོང་བརྒྱ་པ་དུམ་བུ་གསུམ་པ་བམ་པོ་དྲུག་ཅུ་བཞི་པའོ།།

十萬頌般若波羅蜜多經第三卷第六十四品　　(3—2)

166

甘圖 GL.t.229 (R-V)　ཤེས་རབ་ཀྱི་ཕ་རོལ་ཏུ་ཕྱིན་པ་སྟོང་བརྒྱ་པ་དུམ་བུ་གསུམ་པ་བམ་པོ་དྲུག་ཅུ་བཞི་པོ།།
十萬頌般若波羅蜜多經第三卷第六十四品　　(3—3)

甘圖 GL.t.230 (R-V)　ཤེས་རབ་ཀྱི་ཕ་རོལ་ཏུ་ཕྱིན་པ་སྟོང་ཕྲག་བརྒྱ་པ།

十萬頌般若波羅蜜多經

168

甘圖 GL.t.231 (R-V) ཤེས་རབ་ཀྱི་ཕ་རོལ་ཏུ་ཕྱིན་པ་སྟོང་ཕྲག་བརྒྱའ་པ་དུམ་བུ་གསུམ་པ་བམ་པོ་བདུན་ཅུ་ལྷ་ལྔ།།
十萬頌般若波羅蜜多經第三卷第七十五品　　　(5—1)

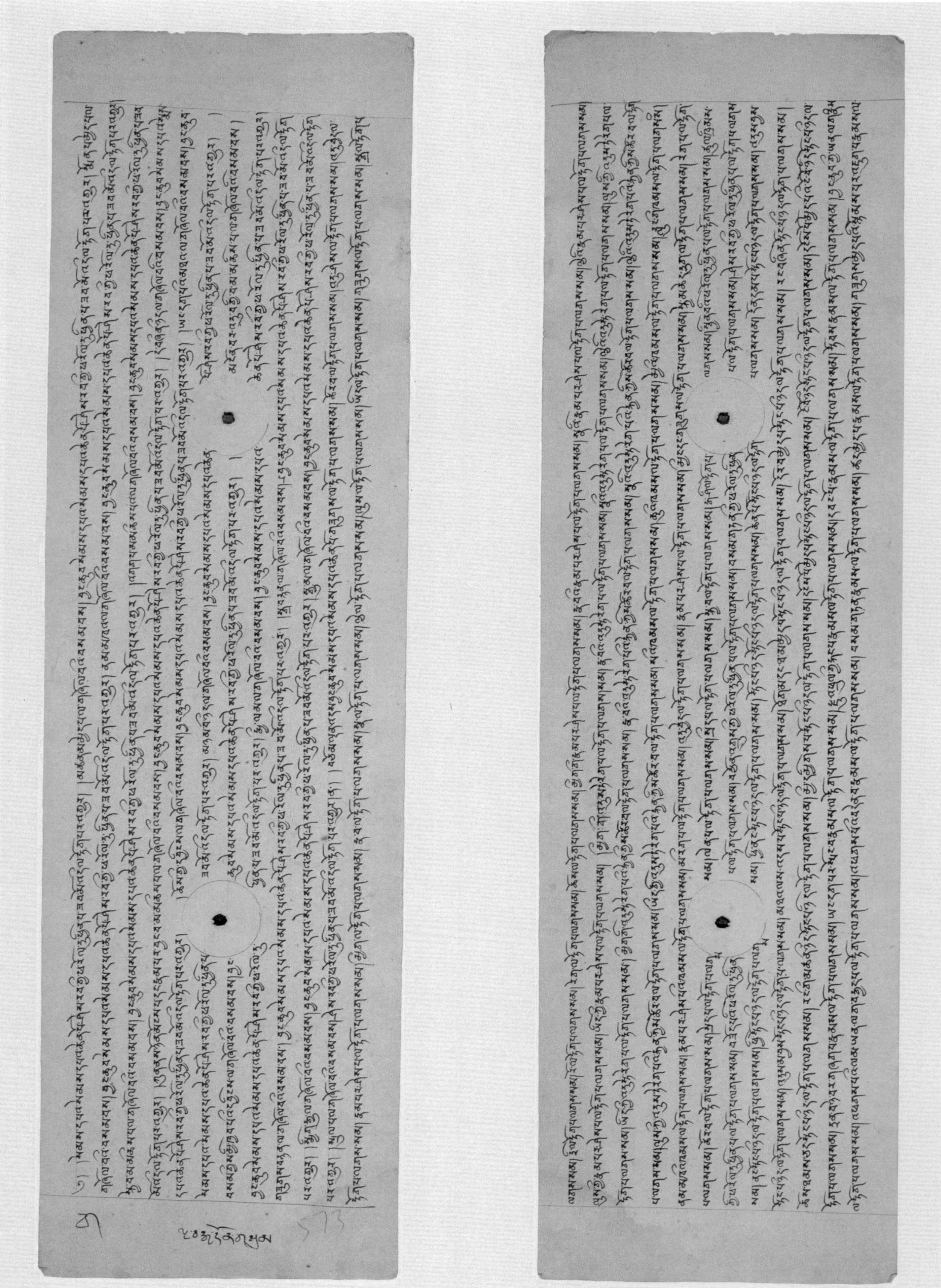

甘圖 GL.t.231 (R-V) ཤེས་རབ་ཀྱི་ཕ་རོལ་ཏུ་ཕྱིན་པ་སྟོང་ཕྲག་བརྒྱ་པ་དུམ་བུ་གསུམ་པ་བམ་པོ་བདུན་ཅུ་ལྔ་པོ།།

十萬頌般若波羅蜜多經第三卷第七十五品 (5—2)

甘圖 GL.t.231 (R-V) ཤེས་རབ་ཀྱི་ཕ་རོལ་ཏུ་ཕྱིན་པ་སྟོང་ཕྲག་བརྒྱ་པ་དུམ་བུ་གསུམ་པ་བམ་པོ་བདུན་ཅུ་ལྔ་པའོ།།
十萬頌般若波羅蜜多經第三卷第七十五品　　(5—3)

甘圖 GL.t.231 (R-V)　ཤེས་རབ་ཀྱི་ཕ་རོལ་ཏུ་ཕྱིན་པ་སྟོང་ཕྲག་བརྒྱ་པ་དུམ་བུ་གསུམ་པ་བམ་པོ་བདུན་ཅུ་ལྔ་པའོ།།

十萬頌般若波羅蜜多經第三卷第七十五品　　(5—4)

172

甘圖 GL.t.231 (R-V) ཤེས་རབ་ཀྱི་ཕ་རོལ་ཏུ་ཕྱིན་པ་སྟོང་ཕྲག་བརྒྱ་པ་དུམ་བུ་གསུམ་པ་བམ་པོ་བདུན་ཅུ་ལྔ་པའོ།།

十萬頌般若波羅蜜多經第三卷第七十五品　　(5—5)

甘圖 GL.t.232 (R-V) ཤེས་རབ་ཀྱི་ཕ་རོལ་ཏུ་ཕྱིན་པ་སྟོང་ཕྲག་བརྒྱ་པ།

十萬頌般若波羅蜜多經

174

甘圖 GL.t.233 (R-V)　ཤེས་རབ་ཀྱི་ཕ་རོལ་ཏུ་ཕྱིན་པ་སྟོང་ཕྲག་བརྒྱ་པ།

十萬頌般若波羅蜜多經　　(10—1)

甘圖 GL.t.233 (R-V)　ཤེས་རབ་ཀྱི་ཕ་རོལ་ཏུ་ཕྱིན་པ་སྟོང་ཕྲག་བརྒྱ་པ།

十萬頌般若波羅蜜多經　　(10—2)

甘圖 GL.t.233 (R-V)　ཤེས་རབ་ཀྱི་ཕ་རོལ་དུ་ཕྱིན་པ་སྟོང་ཕྲག་བརྒྱ་པ།

十萬頌般若波羅蜜多經　　(10—3)

甘圖 GL.t.233 (R-V)　ཤེས་རབ་ཀྱི་ཕ་རོལ་ཏུ་ཕྱིན་པ་སྟོང་ཕྲག་བརྒྱ་པ།

十萬頌般若波羅蜜多經　　(10—4)

甘圖 GL.t.233 (R-V)　ཤེས་རབ་ཀྱི་ཕ་རོལ་དུ་ཕྱིན་པ་སྟོང་ཕྲག་བརྒྱ་པ།
十萬頌般若波羅蜜多經　　(10—5)

甘圖 GL.t.233 (R-V) ཤེས་རབ་ཀྱི་ཕ་རོལ་དུ་ཕྱིན་པ་སྟོང་ཕྲག་བརྒྱ་པ།

十萬頌般若波羅蜜多經 (10—6)

甘圖 GL.t.233 (R-V)　ཤེས་རབ་ཀྱི་ཕ་རོལ་ཏུ་ཕྱིན་པ་སྟོང་ཕྲག་བརྒྱ་པ།
十萬頌般若波羅蜜多經　　(10—7)

甘圖 GL.t.233 (R-V)　ཤེས་རབ་ཀྱི་ཕ་རོལ་ཏུ་ཕྱིན་པ་སྟོང་ཕྲག་བརྒྱ་པ།

十萬頌般若波羅蜜多經　　(10—8)

甘圖 GL.t.233 (R-V) ཤེས་རབ་ཀྱི་ཕ་རོལ་ཏུ་ཕྱིན་པ་སྟོང་ཕྲག་བརྒྱ་པ།

十萬頌般若波羅蜜多經 (10—9)

甘圖 GL.t.233 (R-V)　ཤེས་རབ་ཀྱི་ཕ་རོལ་ཏུ་ཕྱིན་པ་སྟོང་ཕྲག་བརྒྱ་པ།
十萬頌般若波羅蜜多經　　(10—10)

184

甘圖 GL.t.234 (R-V)　ཤེས་རབ་ཀྱི་ཕ་རོལ་ཏུ་ཕྱིན་པ་སྟོང་ཕྲག་བརྒྱ་པ།
十萬頌般若波羅蜜多經

甘圖 GL.t.235 (R-V)　ཤེས་རབ་ཀྱི་ཕ་རོལ་ཏུ་ཕྱིན་པ་སྟོང་ཕྲག་བརྒྱ་པ།

十萬頌般若波羅蜜多經

186

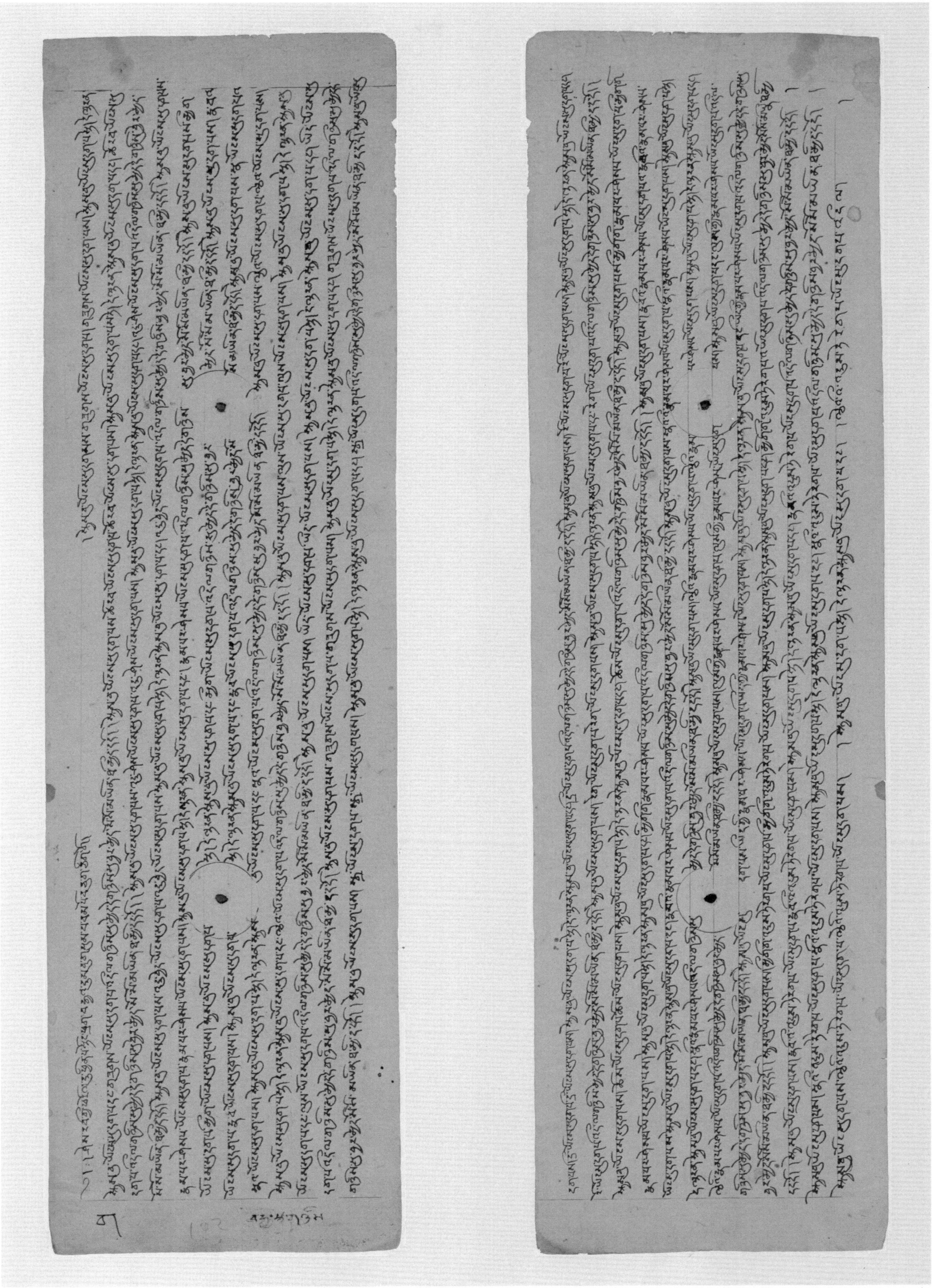

甘圖 GL.t.236 (R-V) ཤེས་རབ་ཀྱི་ཕ་རོལ་ཏུ་ཕྱིན་པ་སྟོང་ཕྲག་བརྒྱའ་དུམ་བུ་གསུམ་པ་བམ་པོ་བཅུ་གཅིག་གོ།།
十萬頌般若波羅蜜多經第三卷第十一品

甘圖 GL.t.237 (R-V)　ཤེས་རབ་ཀྱི་ཕ་རོལ་ཏུ་ཕྱིན་པ་སྟོང་ཕྲག་བརྒྱ་པ།
十萬頌般若波羅蜜多經

甘圖 GL.t.238 (R-V)　ཤེས་རབ་ཀྱི་ཕ་རོལ་ཏུ་ཕྱིན་པ་སྟོང་ཕྲག་བརྒྱ་པ།

十萬頌般若波羅蜜多經　　(2—1)

甘圖 GL.t.238 (R-V)　ཤེས་རབ་ཀྱི་ཕ་རོལ་ཏུ་ཕྱིན་པ་སྟོང་ཕྲག་བརྒྱ་པ།

十萬頌般若波羅蜜多經　　(2—2)

甘圖 GL.t.239 (R-V) ཤེས་རབ་ཀྱི་ཕ་རོལ་དུ་ཕྱིན་པ་སྟོང་ཕྲག་བརྒྱ་པ།
十萬頌般若波羅蜜多經　　(2—1)

甘圖 GL.t.239 (R-V) ཤེས་རབ་ཀྱི་ཕ་རོལ་དུ་ཕྱིན་པ་སྟོང་ཕྲག་བརྒྱ་པ།

十萬頌般若波羅蜜多經　　（2—2）

甘圖 GL.t.240 (R-V) ཤེས་རབ་ཀྱི་ཕ་རོལ་དུ་ཕྱིན་པ་སྟོང་ཕྲག་བརྒྱ་པ།

十萬頌般若波羅蜜多經 　　(2—1)

甘圖 GL.t.240 (R-V)　ཤེས་རབ་ཀྱི་ཕ་རོལ་ཏུ་ཕྱིན་པ་སྟོང་ཕྲག་བརྒྱ་པ།

十萬頌般若波羅蜜多經　　(2—2)

194

甘圖 GL.t.241 (R-V)　ཤེས་རབ་ཀྱི་ཕ་རོལ་ཏུ་ཕྱིན་པ་སྟོང་ཕྲག་བརྒྱ་པ།

十萬頌般若波羅蜜多經

甘圖 GL.t.242 (R-V)　ཤེས་རབ་ཀྱི་ཕ་རོལ་ཏུ་ཕྱིན་པ་སྟོང་ཕྲག་བརྒྱ་པ་དུམ་བུ་གསུམ་པ་བམ་པོ་བཅུ་བཞི་པོ།།

十萬頌般若波羅蜜多經第三卷第十四品　　(3—1)

甘圖 GL.t.242 (R-V)　ཤེས་རབ་ཀྱི་ཕ་རོལ་ཏུ་ཕྱིན་པ་སྟོང་ཕྲག་བརྒྱ་པ་དུམ་བུ་གསུམ་པ་བམ་པོ་བཅུ་བཞི་པོ།།

十萬頌般若波羅蜜多經第三卷第十四品　　(3—2)

甘圖 GL.t.242 (R-V) ཤེས་རབ་ཀྱི་ཕ་རོལ་ཏུ་ཕྱིན་པ་སྟོང་ཕྲག་བརྒྱ་པ་དུམ་བུ་གསུམ་པ་བམ་པོ་བཅུ་བཞི་པོ།།
十萬頌般若波羅蜜多經第三卷第十四品 (3—3)

198

甘圖 GL.t.243 (R-V)　ཤེས་རབ་ཀྱི་ཕ་རོལ་དུ་ཕྱིན་པ་སྟོང་ཕྲག་བརྒྱ་པ།
十萬頌般若波羅蜜多經　　(2—1)

甘圖 GL.t.243 (R-V)　ཤེས་རབ་ཀྱི་ཕ་རོལ་ཏུ་ཕྱིན་པ་སྟོང་ཕྲག་བརྒྱ་པ།

十萬頌般若波羅蜜多經　　(2—2)

甘圖 GL.t.244 (R-V)　ཤེས་རབ་ཀྱི་ཕ་རོལ་དུ་ཕྱིན་པ་སྟོང་ཕྲག་བརྒྱ་པ།
十萬頌般若波羅蜜多經

甘圖 GL.t.245 (R-V)　ཤེས་རབ་ཀྱི་ཕ་རོལ་ཏུ་ཕྱིན་པ་སྟོང་ཕྲག་བརྒྱ་པ།

十萬頌般若波羅蜜多經

甘圖 GL.t.246 (R-V)　ཤེས་རབ་ཀྱི་ཕ་རོལ་ཏུ་ཕྱིན་པ་སྟོང་ཕྲག་བརྒྱ་པ།
十萬頌般若波羅蜜多經

甘圖 GL.t.247 (R-V) ཤེས་རབ་ཀྱི་ཕ་རོལ་དུ་ཕྱིན་པ་སྟོང་ཕྲག་བརྒྱ་པ་དུམ་བུ་གསུམ་པ་བམ་པོ་ཉི་ཤུ་དྲུག་གོ།།།།

十萬頌般若波羅蜜多經第三卷第二十六品　　　(3—1)

204

甘圖 GL.t.247 (R-V)　ཤེས་རབ་ཀྱི་ཕ་རོལ་ཏུ་ཕྱིན་པ་སྟོང་ཕྲག་བརྒྱ་པ་དུམ་བུ་གསུམ་པ་བམ་པོ་ཉི་ཤུ་དྲུག་གོ།།།།
十萬頌般若波羅蜜多經第三卷第二十六品　　　(3—2)

甘圖 GL.t.247 (R-V) ཤེས་རབ་ཀྱི་ཕ་རོལ་ཏུ་ཕྱིན་པ་སྟོང་ཕྲག་བརྒྱའ་པ་དུམ་བུ་གསུམ་པ་བམ་པོ་ནི་ཤུ་དྲུག་གོ།།

十萬頌般若波羅蜜多經第三卷第二十六品　　　(3—3)

206

甘圖 GL.t.248 (R-V)　ཤེས་རབ་ཀྱི་ཕ་རོལ་ཏུ་ཕྱིན་པ་སྟོང་ཕྲག་བརྒྱ་པ།

十萬頌般若波羅蜜多經　　(2—1)

甘圖 GL.t.248 (R-V)　ཤེས་རབ་ཀྱི་ཕ་རོལ་ཏུ་ཕྱིན་པ་སྟོང་ཕྲག་བརྒྱ་པ།
十萬頌般若波羅蜜多經　　(2—2)

208

甘圖 GL.t.249 (R-V) ཤེས་རབ་ཀྱི་ཕ་རོལ་ཏུ་ཕྱིན་པ་སྟོང་ཕྲག་བརྒྱ་པ་དུམ་བུ་གསུམ་པ་བམ་པོ་ཉི་ཤུ་བདུན་དང་ཉི་ཤུ་བརྒྱད་དོ།།

十萬頌般若波羅蜜多經第三卷第二十七、二十八品甘圖 GL.t.250 (R-V) ཤེས་རབ་ཀྱི་ཕ་རོལ་དུ་ཕྱིན་པ་སྟོང་ཕྲག་བརྒྱ་པ་དུམ་བུ་གསུམ་པ་བམ་པོ་སུམ་ཅུ་པའོ།།

十萬頌般若波羅蜜多經第三卷第三十品   (6—1)

210

甘圖 GL.t.250 (R-V) ཤེས་རབ་ཀྱི་ཕ་རོལ་ཏུ་ཕྱིན་པ་སྟོང་ཕྲག་བརྒྱ་པ་དུམ་བུ་གསུམ་པ་བམ་པོ་སུམ་ཅུ་པའོ།།
十萬頌般若波羅蜜多經第三卷第三十品 　(6—2)

甘圖 GL.t.250 (R-V)　ཤེས་རབ་ཀྱི་ཕ་རོལ་ཏུ་ཕྱིན་པ་སྟོང་ཕྲག་བརྒྱ་པ་དུམ་བུ་གསུམ་པ་བམ་པོ་སུམ་ཅུའོ།།

十萬頌般若波羅蜜多經第三卷第三十品　　(6—3)

甘圖 GL.t.250 (R-V)　ཤེས་རབ་ཀྱི་ཕ་རོལ་ཏུ་ཕྱིན་པ་སྟོང་ཕྲག་བརྒྱ་པ་དུམ་བུ་གསུམ་པ་བམ་པོ་སུམ་ཅུའོ།།

十萬頌般若波羅蜜多經第三卷第三十品　　(6—4)

甘圖 GL.t.250 (R-V) ཤེས་རབ་ཀྱི་ཕ་རོལ་ཏུ་ཕྱིན་པ་སྟོང་ཕྲག་བརྒྱ་པ་དུམ་བུ་གསུམ་པ་བམ་པོ་སུམ་ཅུ་པའོ།།

十萬頌般若波羅蜜多經第三卷第三十品　　(6—5)

214

甘圖 GL.t.250 (R-V) ཤེས་རབ་ཀྱི་ཕ་རོལ་ཏུ་ཕྱིན་པ་སྟོང་ཕྲག་བརྒྱ་པ་དུམ་བུ་གསུམ་པ་བམ་པོ་སུམ་ཅུ་པའོ།།
十萬頌般若波羅蜜多經第三卷第三十品　　(6—6)

甘圖 GL.t.251 (R-V) ཤེས་རབ་ཀྱི་ཕ་རོལ་དུ་ཕྱིན་པ་སྟོང་ཕྲག་བརྒྱ་པ་དུམ་བུ་གསུམ་པ་བམ་པོ་སུམ་ཅུ་གཅིག་གོ །།
十萬頌般若波羅蜜多經第三卷第三十一品　　(5—1)

216

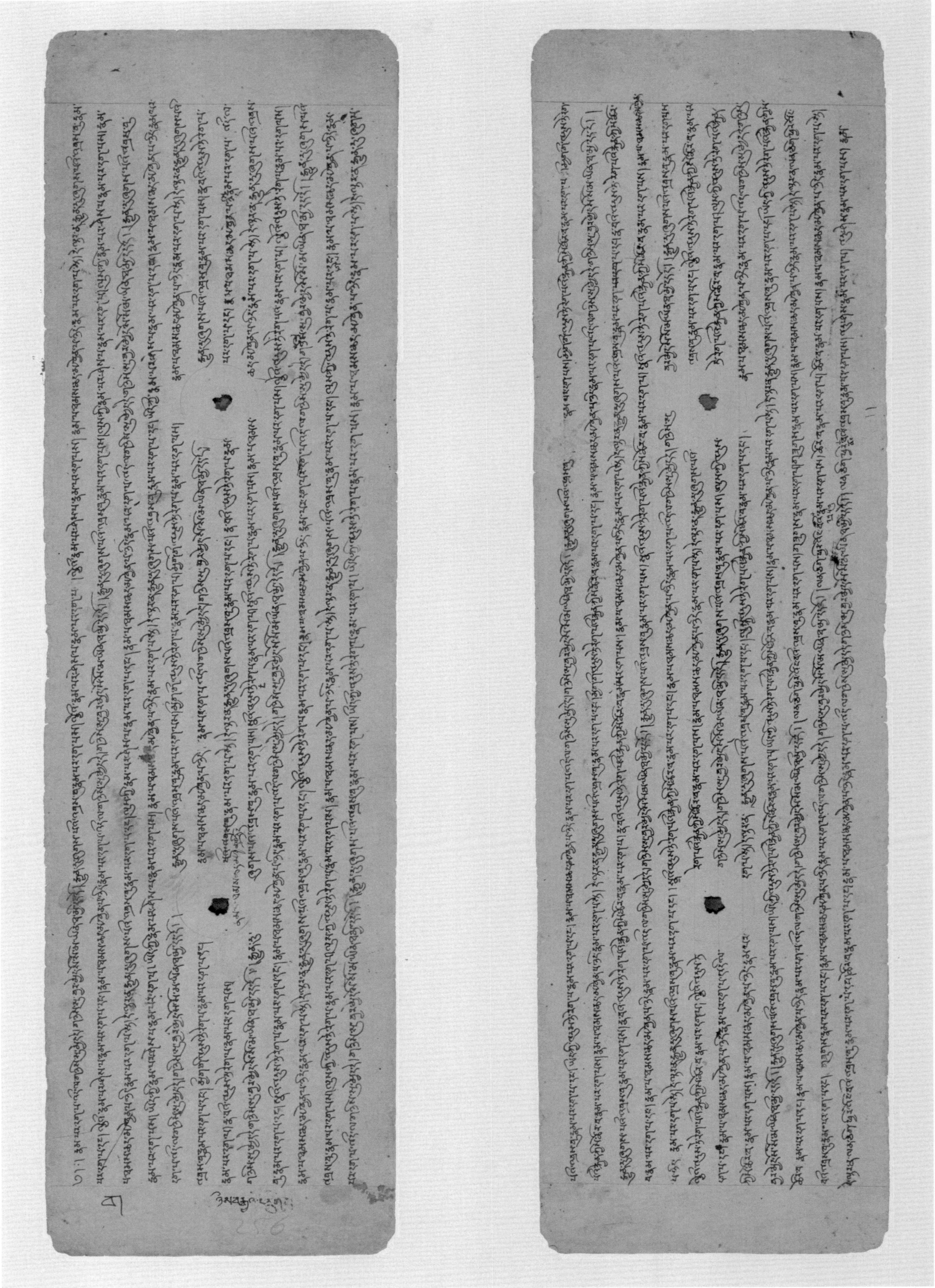

甘圖 GL.t.251 (R-V) ཤེས་རབ་ཀྱི་ཕ་རོལ་ཏུ་ཕྱིན་པ་སྟོང་ཕྲག་བརྒྱ་པ་དུམ་བུ་གསུམ་པ་བམ་པོ་སུམ་ཅུ་གཅིག་པོ།།
十萬頌般若波羅蜜多經第三卷第三十一品 (5—2)

甘圖 GL.t.251 (R-V)　ཤེས་རབ་ཀྱི་ཕ་རོལ་ཏུ་ཕྱིན་པ་སྟོང་ཕྲག་བརྒྱ་པ་དུམ་བུ་གསུམ་པ་བམ་པོ་སུམ་ཅུ་གཅིག་གོ།།

十萬頌般若波羅蜜多經第三卷第三十一品　　(5—3)

218

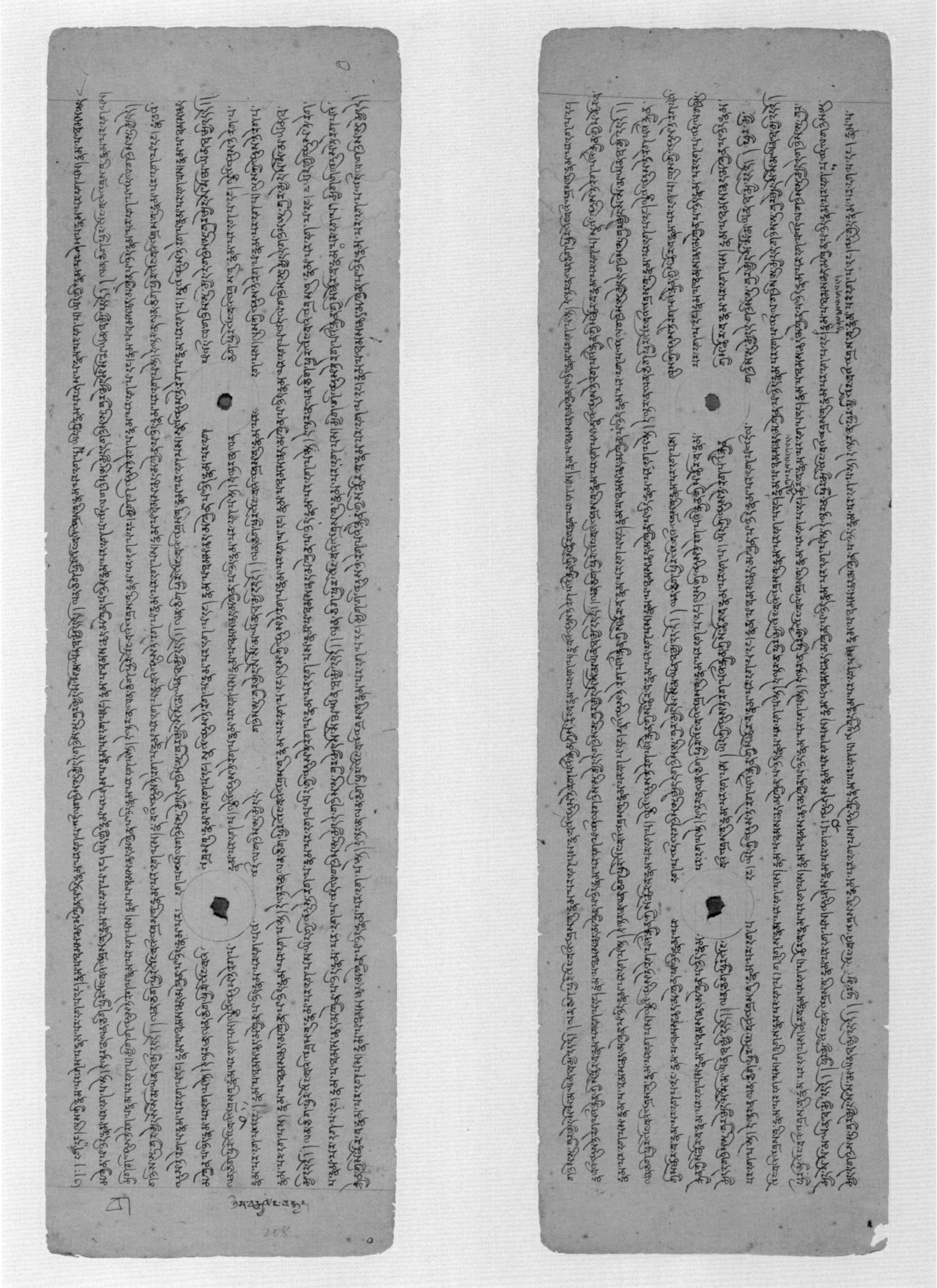

甘圖 GL.t.251 (R-V) ཤེས་རབ་ཀྱི་ཕ་རོལ་ཏུ་ཕྱིན་པ་སྟོང་ཕྲག་བརྒྱ་པ་དུམ་བུ་གསུམ་པ་བམ་པོ་སུམ་ཅུ་གཅིག་པོ།།
十萬頌般若波羅蜜多經第三卷第三十一品 (5—4)

甘圖 GL.t.251 (R-V)　ཤེས་རབ་ཀྱི་ཕ་རོལ་ཏུ་ཕྱིན་པ་སྟོང་ཕྲག་བརྒྱ་པ་དུམ་བུ་གསུམ་པ་བམ་པོ་སུམ་ཅུ་གཅིག་གོ།།།

十萬頌般若波羅蜜多經第三卷第三十一品　　(5—5)

220

甘圖 GL.t.252 (R-V)　ཤེས་རབ་ཀྱི་ཕ་རོལ་ཏུ་ཕྱིན་པ་སྟོང་ཕྲག་བརྒྱ་པ།

十萬頌般若波羅蜜多經　　(2—1)

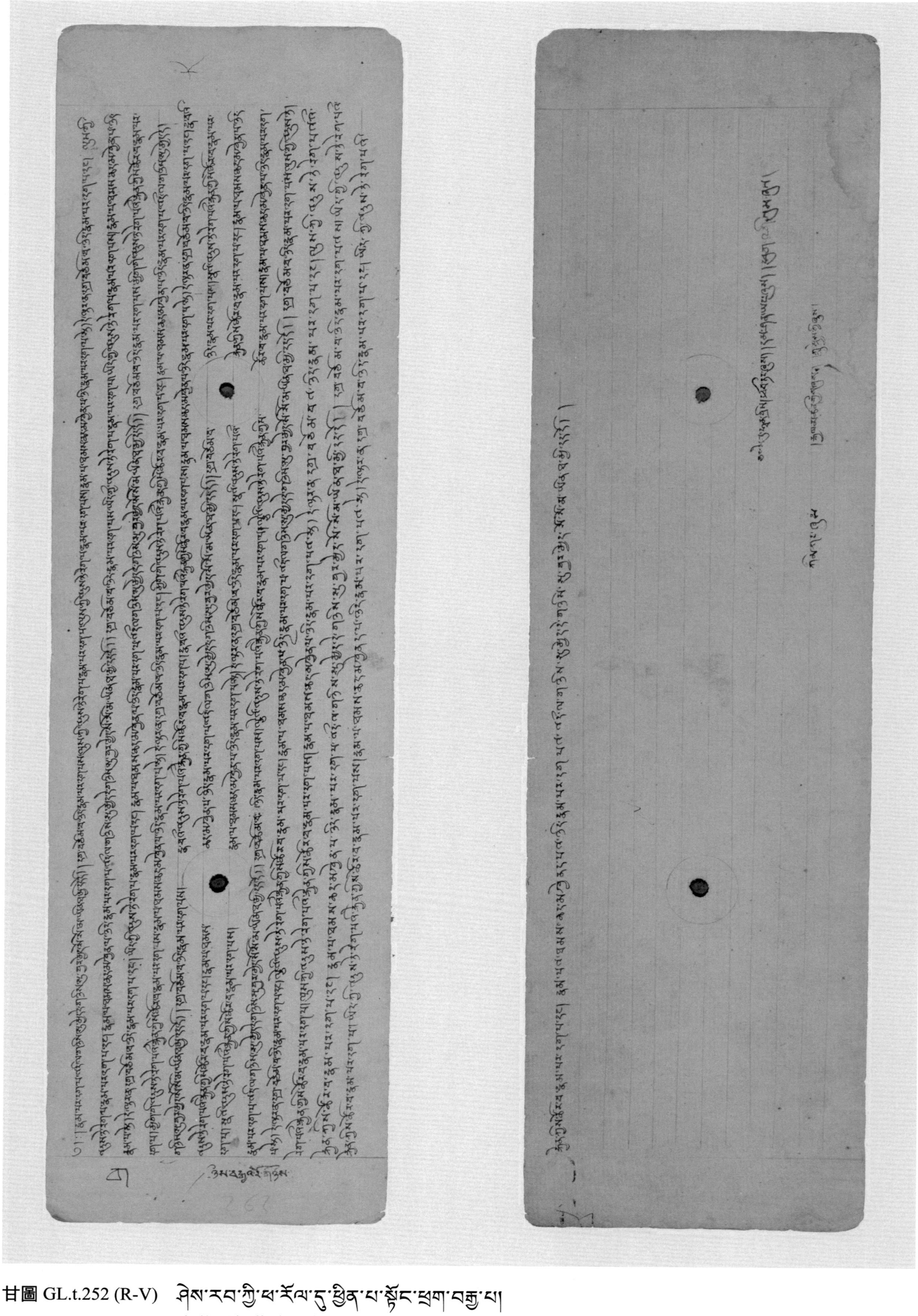

甘圖 GL.t.252 (R-V) ཤེས་རབ་ཀྱི་ཕ་རོལ་ཏུ་ཕྱིན་པ་སྟོང་ཕྲག་བརྒྱ་པ།
十萬頌般若波羅蜜多經 (2—2)

甘圖 GL.t.253 (R-V) ཤེས་རབ་ཀྱི་ཕ་རོལ་ཏུ་ཕྱིན་པ་སྟོང་ཕྲག་བརྒྱ་པ་དུམ་བུ་གསུམ་པ་བམ་པོ་སུམ་ཅུ་གཉིས་སོ།།

十萬頌般若波羅蜜多經第三卷第三十二品

甘圖 GL.t.254 (R-V) ཤེས་རབ་ཀྱི་ཕ་རོལ་ཏུ་ཕྱིན་པ་སྟོང་ཕྲག་བརྒྱ་པ་དུམ་བུ་གསུམ་པ་བམ་པོ་སུམ་ཅུ་གཅིག་དང་
སུམ་ཅུ་གཉིས་སོ།།

十萬頌般若波羅蜜多經第三卷第三十一、三十二品　　(2—1)

甘圖 GL.t.254 (R-V) ཤེས་རབ་ཀྱི་ཕ་རོལ་དུ་ཕྱིན་པ་སྟོང་ཕྲག་བརྒྱའ་པ་དུམ་བུ་གསུམ་པ་བམ་པོ་སུམ་ཅུ་གཅིག་དང་
སུམ་ཅུ་གཉིས་སོ།།

十萬頌般若波羅蜜多經第三卷第三十一、三十二品　　(2—2)

225

甘圖 GL.t.255 (R-V)　ཤེས་རབ་ཀྱི་ཕ་རོལ་ཏུ་ཕྱིན་པ་སྟོང་ཕྲག་བརྒྱ་པ།

十萬頌般若波羅蜜多經　　(4—1)

甘圖 GL.t.255 (R-V)　ཤེས་རབ་ཀྱི་ཕ་རོལ་ཏུ་ཕྱིན་པ་སྟོང་ཕྲག་བརྒྱ་པ།

十萬頌般若波羅蜜多經　　(4—2)

甘圖 GL.t.255 (R-V)　ཤེས་རབ་ཀྱི་ཕ་རོལ་ཏུ་ཕྱིན་པ་སྟོང་ཕྲག་བརྒྱ་པ།

十萬頌般若波羅蜜多經　　(4—3)

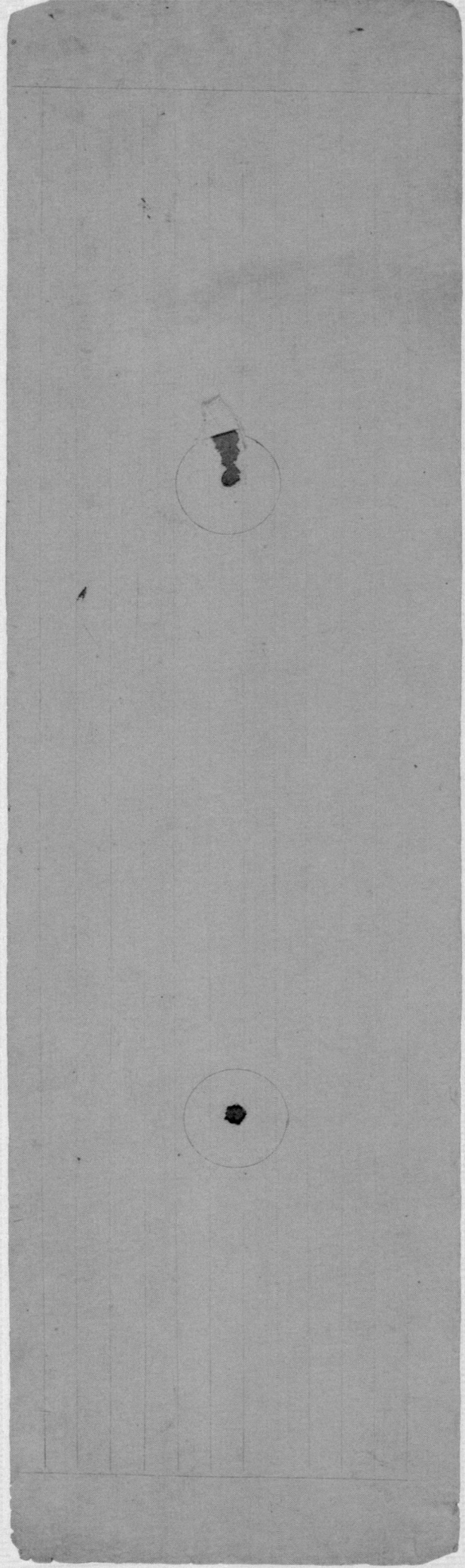

甘圖 GL.t.255 (R-V)　ཤེས་རབ་ཀྱི་ཕ་རོལ་དུ་ཕྱིན་པ་སྟོང་ཕྲག་བརྒྱ་པ།

十萬頌般若波羅蜜多經　　(4—4)

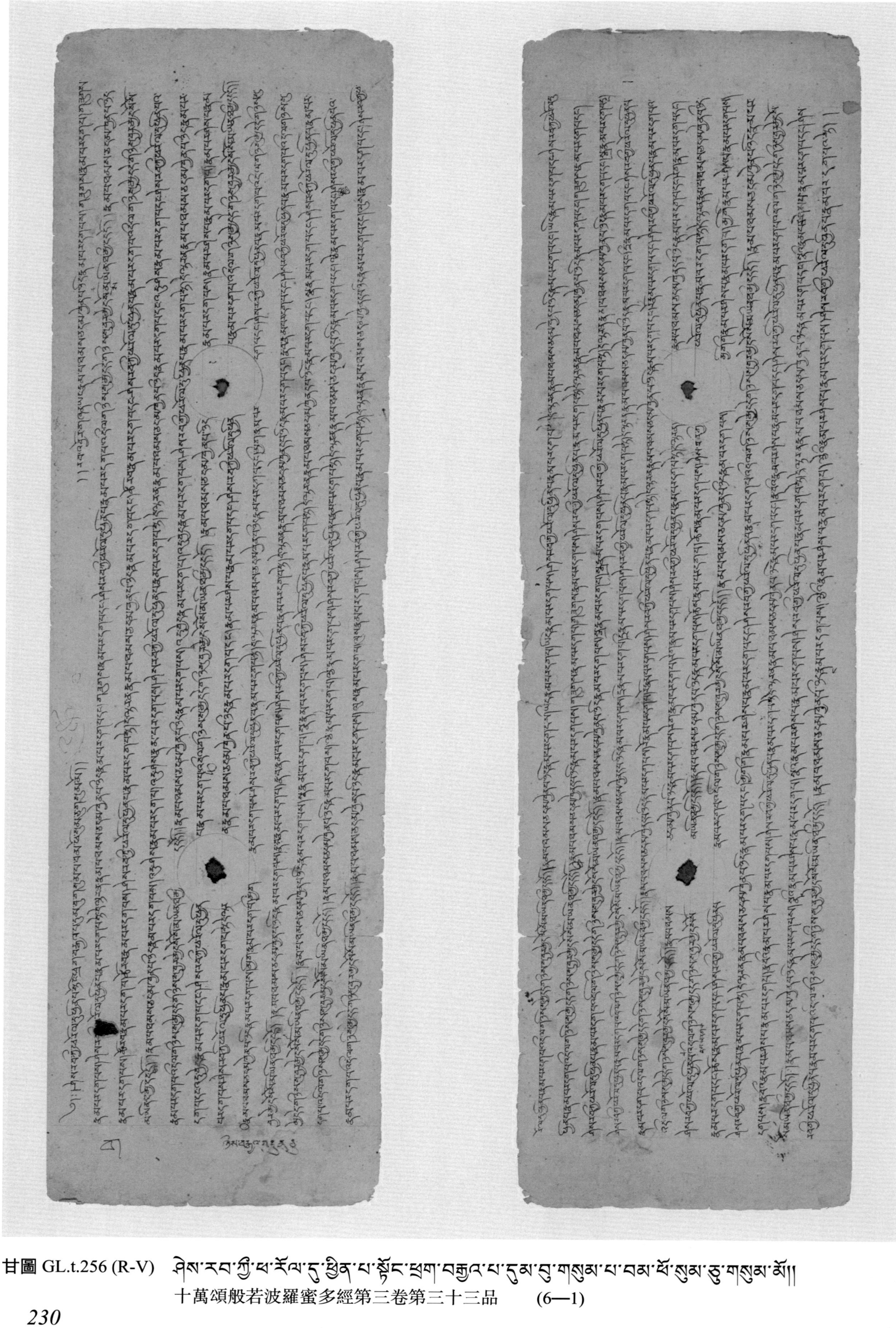

甘圖 GL.t.256 (R-V) ཤེས་རབ་ཀྱི་ཕ་རོལ་ཏུ་ཕྱིན་པ་སྟོང་ཕྲག་བརྒྱད་པ་དུམ་བུ་གསུམ་པ་བམ་པོ་སུམ་ཅུ་གསུམ་མོ།།

十萬頌般若波羅蜜多經第三卷第三十三品 (6—1)

甘圖 GL.t.256 (R-V)　ཤེས་རབ་ཀྱི་ཕ་རོལ་ཏུ་ཕྱིན་པ་སྟོང་ཕྲག་བརྒྱ་པ་དུམ་བུ་གསུམ་པ་བམ་པོ་སུམ་ཅུ་གསུམ་མོ།།

十萬頌般若波羅蜜多經第三卷第三十三品　　　(6—2)

甘圖 GL.t.256 (R-V) ཤེས་རབ་ཀྱི་ཕ་རོལ་ཏུ་ཕྱིན་པ་སྟོང་ཕྲག་བརྒྱ་པ་དུམ་བུ་གསུམ་པ་བམ་པོ་སུམ་ཅུ་གསུམ་མོ།།

十萬頌般若波羅蜜多經第三卷第三十三品　　(6—3)

甘圖 GL.t.256 (R-V) ཤེས་རབ་ཀྱི་ཕ་རོལ་ཏུ་ཕྱིན་པ་སྟོང་ཕྲག་བརྒྱ་པ་དུམ་བུ་གསུམ་པ་བམ་པོ་སུམ་ཅུ་གསུམ་མོ།།

十萬頌般若波羅蜜多經第三卷第三十三品　　(6—4)

233

甘圖 GL.t.256 (R-V) ཤེས་རབ་ཀྱི་ཕ་རོལ་ཏུ་ཕྱིན་པ་སྟོང་ཕྲག་བརྒྱ་པ་དུམ་བུ་གསུམ་པ་བམ་པོ་སུམ་ཅུ་གསུམ་མོ།།
十萬頌般若波羅蜜多經第三卷第三十三品　　(6—5)

234

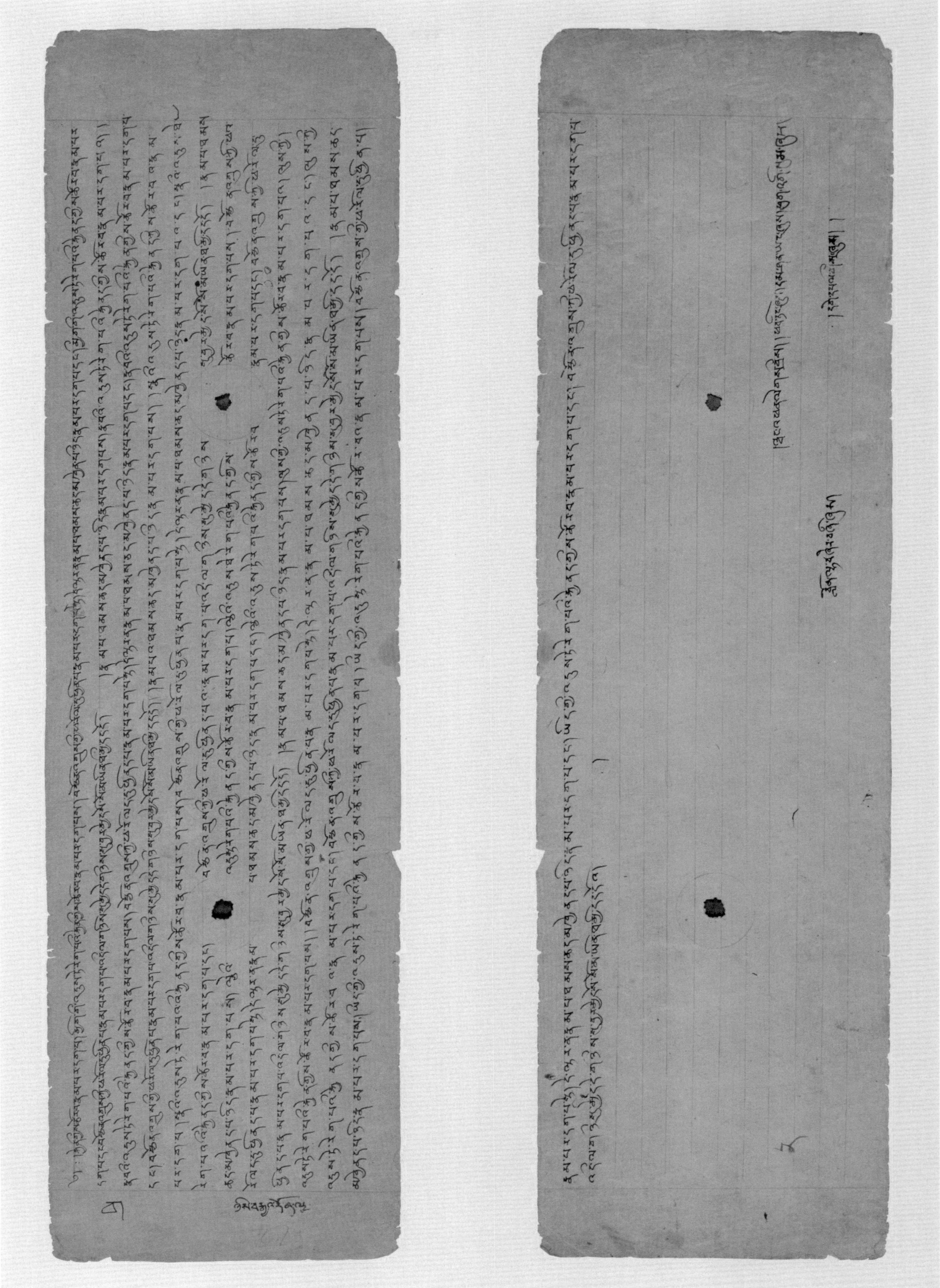

甘圖 GL.t.256 (R-V)　ཤེས་རབ་ཀྱི་ཕ་རོལ་ཏུ་ཕྱིན་པ་སྟོང་ཕྲག་བརྒྱ་པ་དུམ་བུ་གསུམ་པ་བམ་པོ་སུམ་ཅུ་གསུམ་མོ།།
十萬頌般若波羅蜜多經第三卷第三十三品　(6—6)

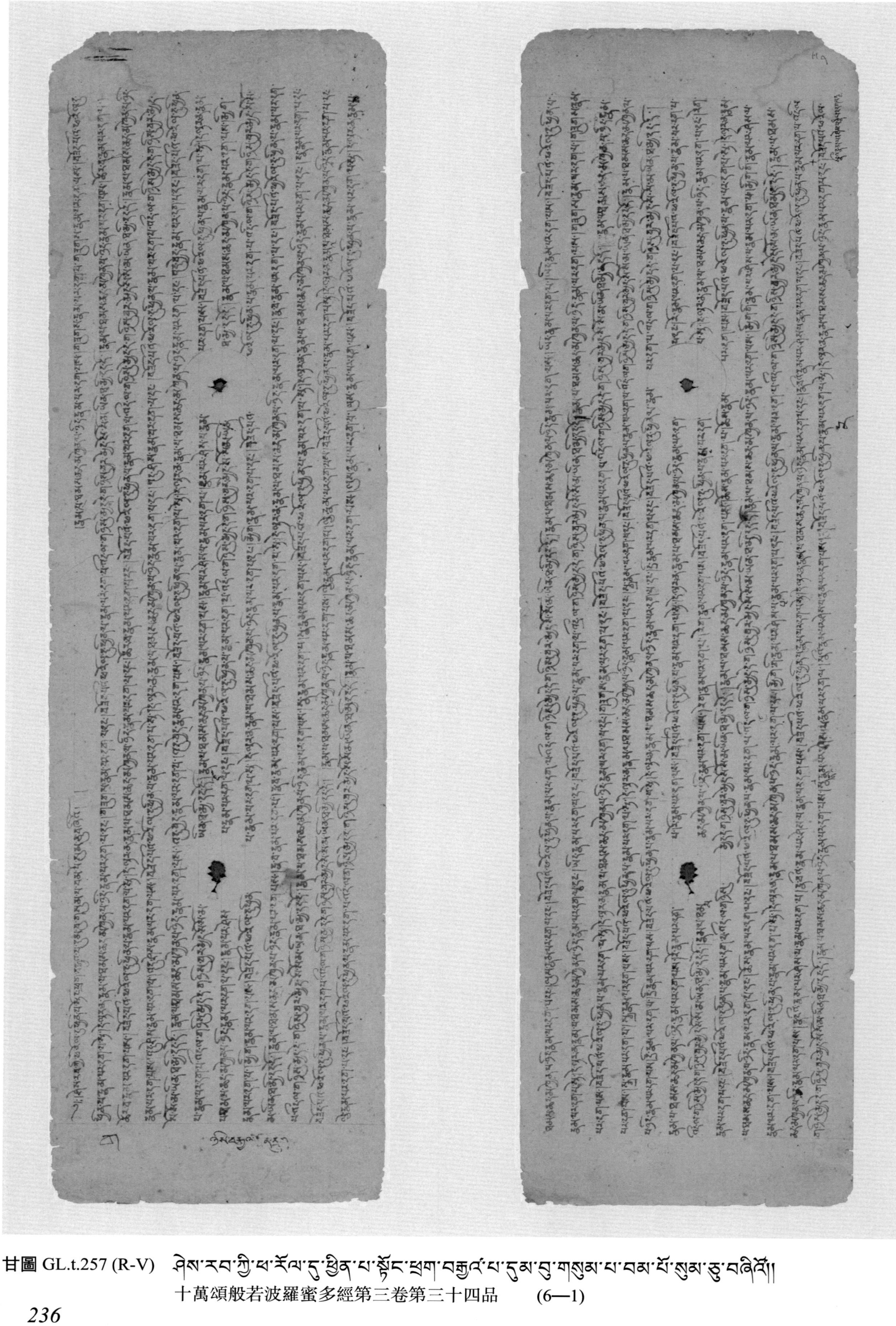

甘圖 GL.t.257 (R-V) ཤེས་རབ་ཀྱི་ཕ་རོལ་ཏུ་ཕྱིན་པ་སྟོང་ཕྲག་བརྒྱའ་པ་དུམ་བུ་གསུམ་པ་བམ་པོ་སུམ་ཅུ་བཞི་པོ།།
十萬頌般若波羅蜜多經第三卷第三十四品 (6—1)

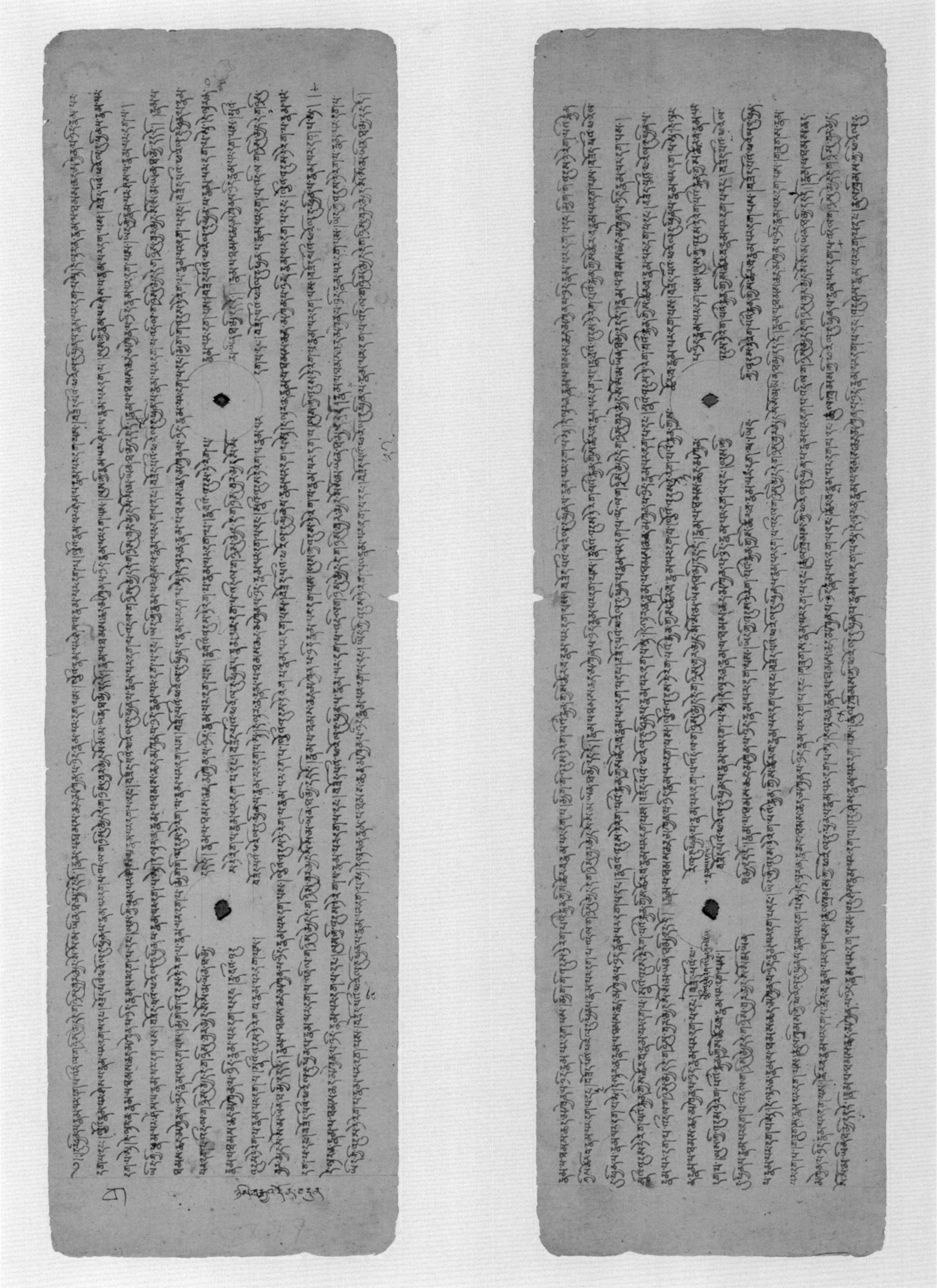

甘圖 GL.t.257 (R-V) ཤེས་རབ་ཀྱི་ཕ་རོལ་ཏུ་ཕྱིན་པ་སྟོང་ཕྲག་བརྒྱའ་པ་དུམ་བུ་གསུམ་པ་བམ་པོ་སུམ་ཅུ་བཞི་བོ།།
十萬頌般若波羅蜜多經第三卷第三十四品 (6—2)

甘圖 GL.t.257 (R-V)　ཤེས་རབ་ཀྱི་ཕ་རོལ་ཏུ་ཕྱིན་པ་སྟོང་ཕྲག་བརྒྱའ་པ་དུམ་བུ་གསུམ་པ་བམ་པོ་སུམ་ཅུ་བཞི་པོ།།

十萬頌般若波羅蜜多經第三卷第三十四品　　(6—3)

238

甘圖 GL.t.257 (R-V) ཤེས་རབ་ཀྱི་ཕ་རོལ་ཏུ་ཕྱིན་པ་སྟོང་ཕྲག་བརྒྱར་པ་དུམ་བུ་གསུམ་པ་བམ་པོ་སུམ་ཅུ་བཞི་པོ།།

十萬頌般若波羅蜜多經第三卷第三十四品　　(6—4)

甘圖 GL.t.257 (R-V)　ཤེས་རབ་ཀྱི་ཕ་རོལ་དུ་ཕྱིན་པ་སྟོང་ཕྲག་བརྒྱ་པ་དུམ་བུ་གསུམ་པ་བམ་པོ་སུམ་ཅུ་བཞི་པའོ།།

十萬頌般若波羅蜜多經第三卷第三十四品　　(6—5)

甘圖 GL.t.257 (R-V) ཤེས་རབ་ཀྱི་ཕ་རོལ་དུ་ཕྱིན་པ་སྟོང་ཕྲག་བརྒྱད་པ་དུམ་བུ་གསུམ་པ་བམ་པོ་སུམ་ཅུ་བཞི་པོ།།

十萬頌般若波羅蜜多經第三卷第三十四品　　　(6—6)

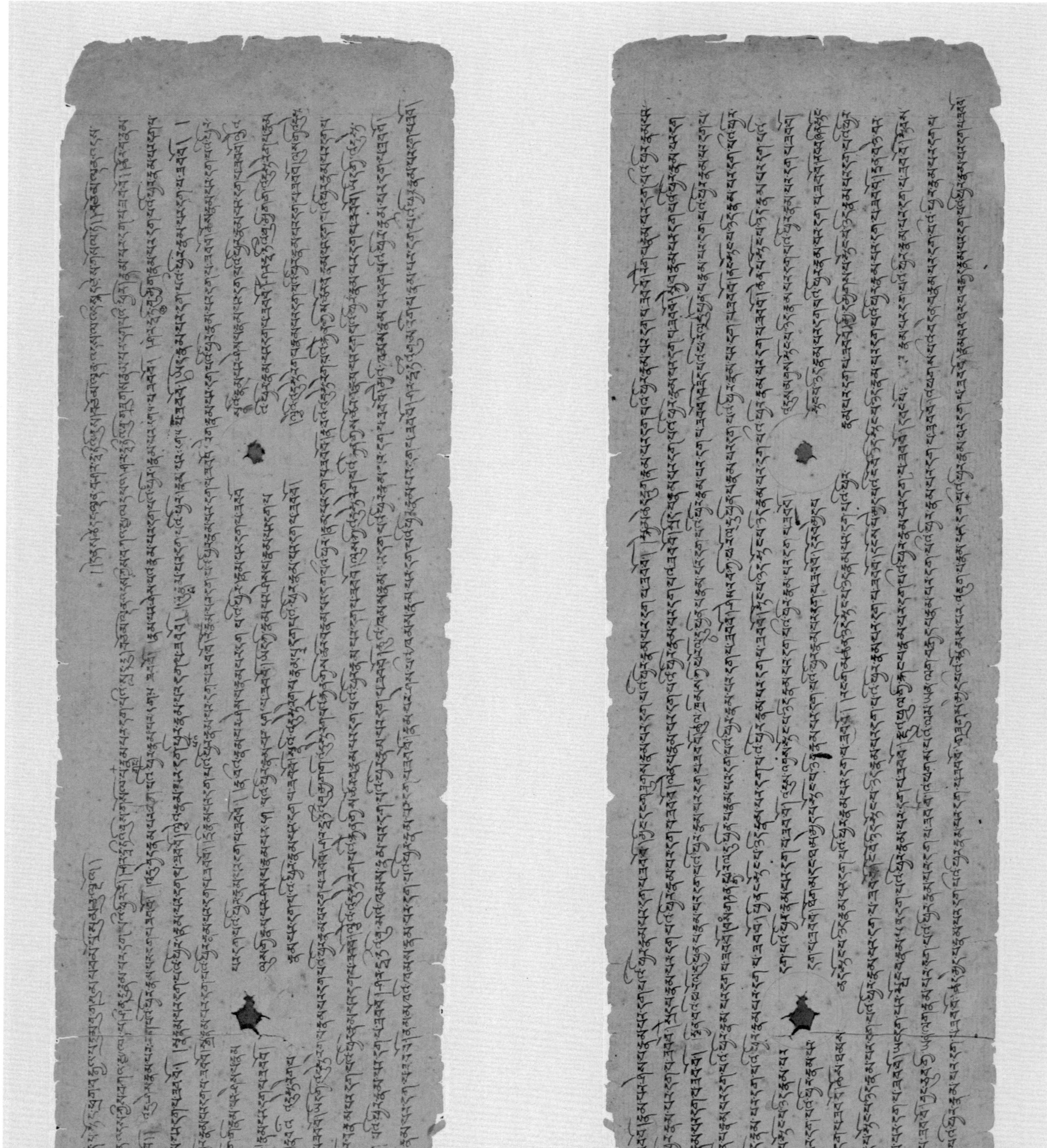

甘圖 GL.t.258 (R-V) ཤེས་རབ་ཀྱི་ཕ་རོལ་ཏུ་ཕྱིན་པ་སྟོང་ཕྲག་བརྒྱ་པ་དུམ་བུ་གསུམ་པ་བམ་པོ་སུམ་ཅུ་ལྔ་པོ།།

十萬頌般若波羅蜜多經第三卷第三十五品 (5—1)

甘圖 GL.t.258 (R-V) ཤེས་རབ་ཀྱི་ཕ་རོལ་ཏུ་ཕྱིན་པ་སྟོང་ཕྲག་བརྒྱ་པ་དུམ་བུ་གསུམ་པ་བམ་པོ་སུམ་ཅུ་ལྔ་པའོ།།

十萬頌般若波羅蜜多經第三卷第三十五品　　(5—2)

甘圖 GL.t.258 (R-V)　ཤེས་རབ་ཀྱི་ཕ་རོལ་དུ་ཕྱིན་པ་སྟོང་ཕྲག་བརྒྱ་པ་དུམ་བུ་གསུམ་པ་བམ་པོ་སུམ་ཅུ་ལྔ་པོ།།

十萬頌般若波羅蜜多經第三卷第三十五品　　(5—3)

甘圖 GL.t.258 (R-V)　ཤེས་རབ་ཀྱི་ཕ་རོལ་ཏུ་ཕྱིན་པ་སྟོང་ཕྲག་བརྒྱ་པ་དུམ་བུ་གསུམ་པ་བམ་པོ་སུམ་ཅུ་ལྔ་པའོ།།

十萬頌般若波羅蜜多經第三卷第三十五品　　(5—4)

甘圖 GL.t.258 (R-V) ཤེས་རབ་ཀྱི་ཕ་རོལ་ཏུ་ཕྱིན་པ་སྟོང་ཕྲག་བརྒྱ་པ་དུམ་བུ་གསུམ་པ་བམ་པོ་སུམ་ཅུ་ལྔ་པོ།།

十萬頌般若波羅蜜多經第三卷第三十五品   (5—5)

甘圖 GL.t.259 (R-V)　ཤེས་རབ་ཀྱི་ཕ་རོལ་དུ་ཕྱིན་པ་སྟོང་ཕྲག་བརྒྱ་པ།
十萬頌般若波羅蜜多經

甘圖 GL.t.260 (R-V) ཤེས་རབ་ཀྱི་ཕ་རོལ་དུ་ཕྱིན་པ་སྟོང་ཕྲག་བརྒྱ་པ་དུམ་བུ་གསུམ་པ་བམ་པོ་སུམ་ཅུ་དྲུག་གོ།།

十萬頌般若波羅蜜多經第三卷第三十六品

248

甘圖 GL.t.261 (R-V)　ཤེས་རབ་ཀྱི་ཕ་རོལ་དུ་ཕྱིན་པ་སྟོང་ཕྲག་བརྒྱ་པ།

十萬頌般若波羅蜜多經

甘圖 GL.t.262 (R-V) ཤེས་རབ་ཀྱི་ཕ་རོལ་ཏུ་ཕྱིན་པ་སྟོང་ཕྲག་བརྒྱ་པ།
十萬頌般若波羅蜜多經

250

甘圖 GL.t.263 (R-V) ཤེས་རབ་ཀྱི་ཕ་རོལ་ཏུ་ཕྱིན་པ་སྟོང་ཕྲག་བརྒྱ་པ་དུམ་བུ་གསུམ་པ་བམ་པོ་སུམ་ཅུ་བདུན་གོ །

十萬頌般若波羅蜜多經第三卷第三十七品

251

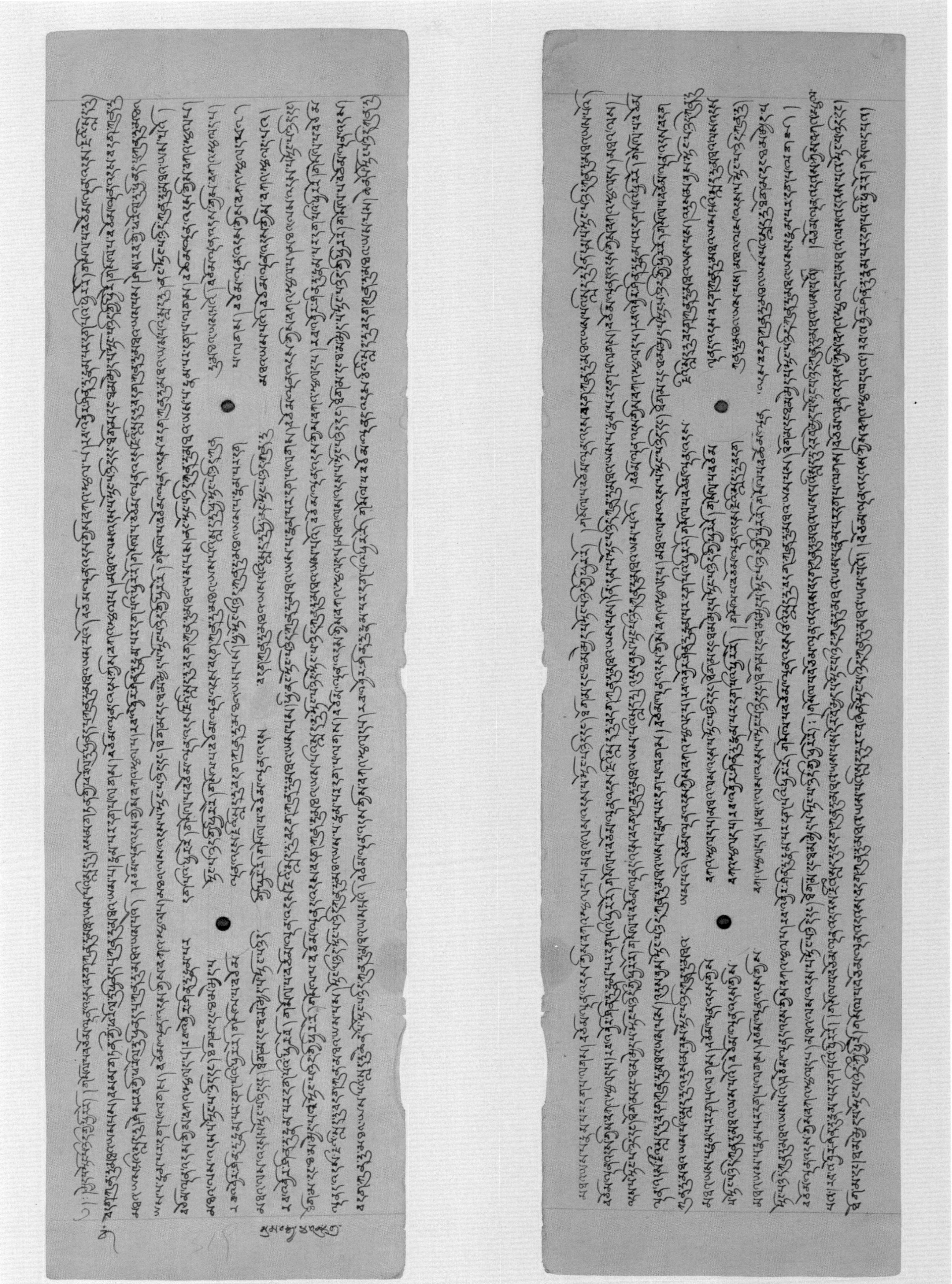

甘圖 GL.t.264 (R-V) ཤེས་རབ་ཀྱི་ཕ་རོལ་ཏུ་ཕྱིན་པ་སྟོང་ཕྲག་བརྒྱ་པ།
十萬頌般若波羅蜜多經 (3—2)

甘圖 GL.t.264 (R-V)　ཤེས་རབ་ཀྱི་ཕ་རོལ་ཏུ་ཕྱིན་པ་སྟོང་ཕྲག་བརྒྱ་པ།
十萬頌般若波羅蜜多經　　(3—3)

254

甘圖 GL.t.265 (R-V) ཤེས་རབ་ཀྱི་ཕ་རོལ་ཏུ་ཕྱིན་པ་སྟོང་ཕྲག་བརྒྱ་པ།
十萬頌般若波羅蜜多經

甘圖 GL.t.266 (R-V)　ཤེས་རབ་ཀྱི་ཕ་རོལ་ཏུ་ཕྱིན་པ་སྟོང་ཕྲག་བརྒྱ་པ།

十萬頌般若波羅蜜多經　　(4—1)

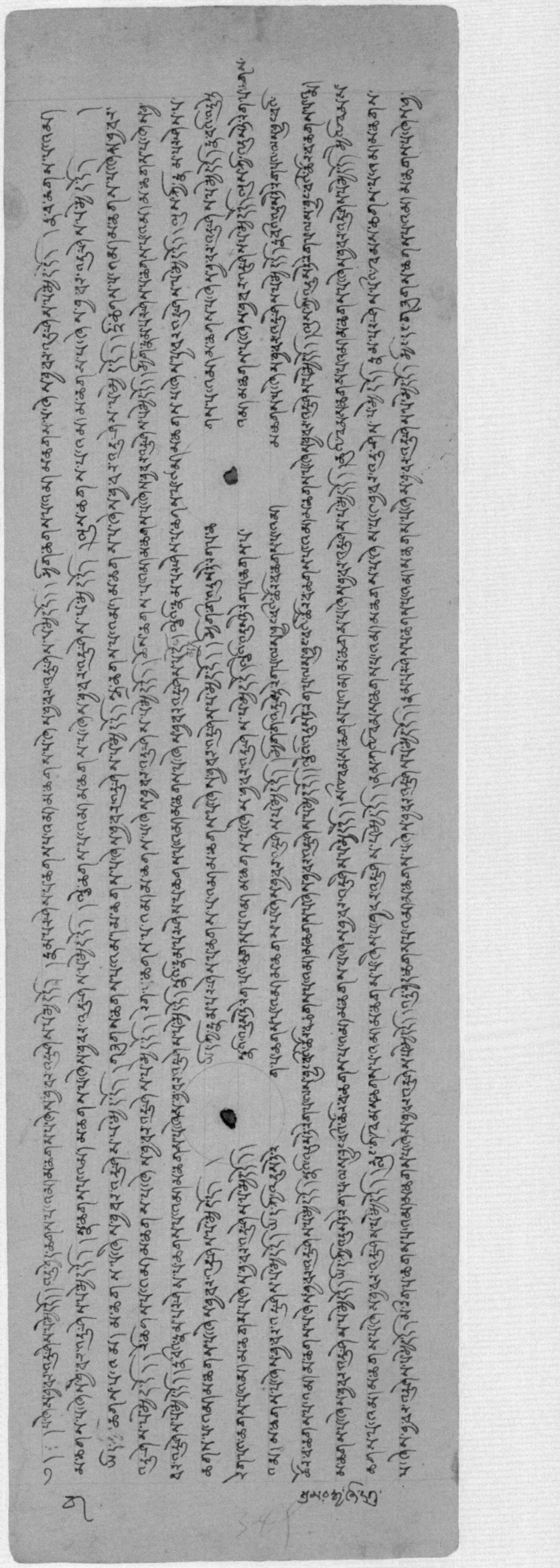

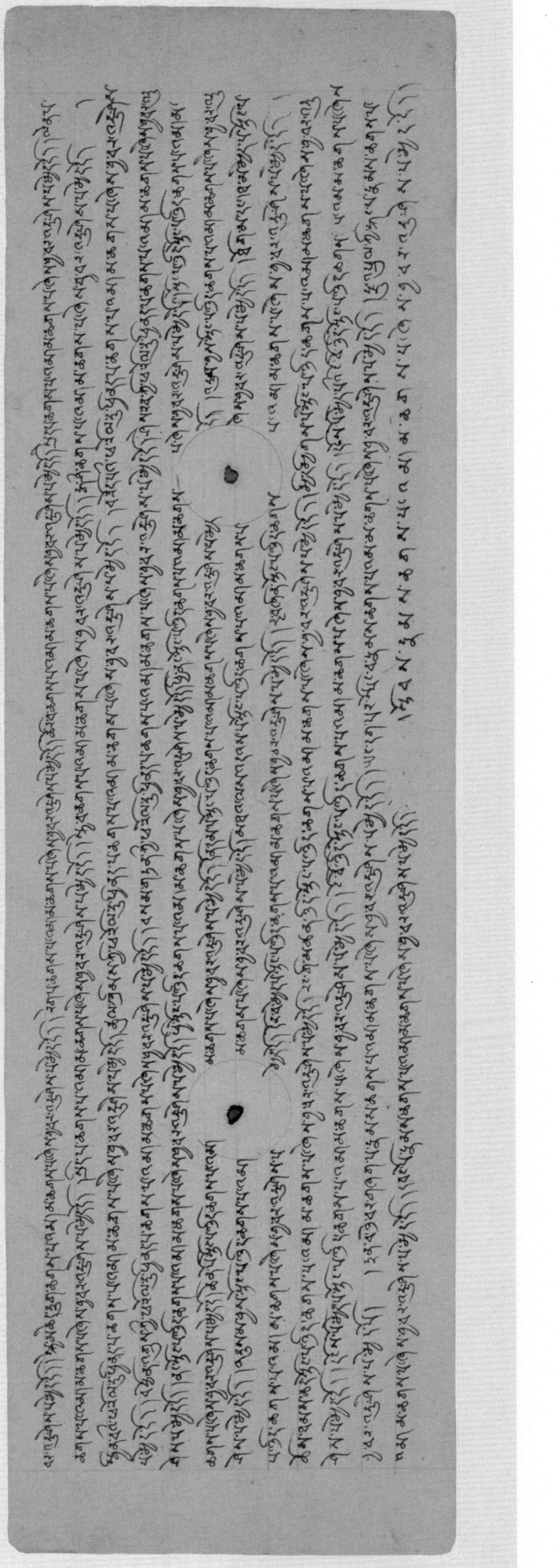

甘圖 GL.t.266 (R-V) ཤེས་རབ་ཀྱི་ཕ་རོལ་ཏུ་ཕྱིན་པ་སྟོང་ཕྲག་བརྒྱ་པ།
十萬頌般若波羅蜜多經 (4—2)

甘圖 GL.t.266 (R-V)　ཤེས་རབ་ཀྱི་ཕ་རོལ་ཏུ་ཕྱིན་པ་སྟོང་ཕྲག་བརྒྱ་པ།
十萬頌般若波羅蜜多經　　(4—3)

258

甘圖 GL.t.266 (R-V) ཤེས་རབ་ཀྱི་ཕ་རོལ་དུ་ཕྱིན་པ་སྟོང་ཕྲག་བརྒྱ་པ།

十萬頌般若波羅蜜多經 (4—4)

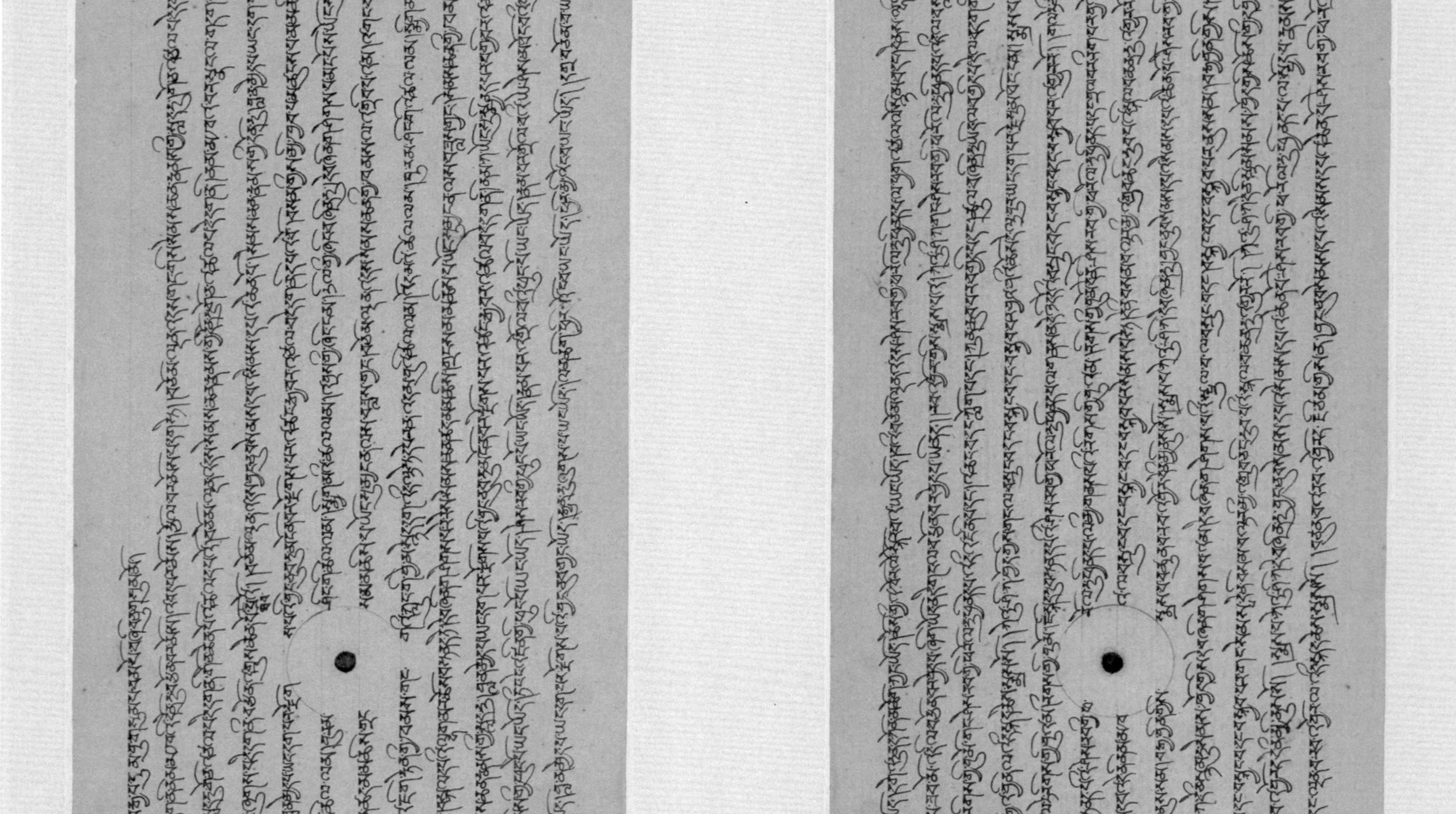

甘圖 GL.t.267 (R-V) ཤེས་རབ་ཀྱི་ཕ་རོལ་ཏུ་ཕྱིན་པ་སྟོང་ཕྲག་བརྒྱ་པ་དུམ་བུ་གསུམ་པ་བམ་པོ་བཞི་བཅུ་གསུམ་མོ།།
十萬頌般若波羅蜜多經第三卷第四十三品 (7—1)

甘圖 GL.t.267 (R-V) ཤེས་རབ་ཀྱི་ཕ་རོལ་དུ་ཕྱིན་པ་སྟོང་ཕྲག་བརྒྱ་པ་དུམ་བུ་གསུམ་པ་བམ་པོ་བཞི་བཅུ་གསུམ་མོ།།

十萬頌般若波羅蜜多經第三卷第四十三品　　(7—2)

甘圖 GL.t.267 (R-V)　ཤེས་རབ་ཀྱི་ཕ་རོལ་ཏུ་ཕྱིན་པ་སྟོང་ཕྲག་བརྒྱ་པ་དུམ་བུ་གསུམ་པ་བམ་པོ་བཞི་བཅུ་གསུམ་མོ།།

十萬頌般若波羅蜜多經第三卷第四十三品　　(7—3)

262

甘圖 GL.t.267 (R-V) ཤེས་རབ་ཀྱི་ཕ་རོལ་ཏུ་ཕྱིན་པ་སྟོང་ཕྲག་བརྒྱ་པ་དུམ་བུ་གསུམ་པ་བམ་པོ་བཞི་བཅུ་གསུམ་མོ།།
十萬頌般若波羅蜜多經第三卷第四十三品 (7—4)

甘圖 GL.t.267 (R-V)　ཤེས་རབ་ཀྱི་ཕ་རོལ་ཏུ་ཕྱིན་པ་སྟོང་ཕྲག་བརྒྱ་པ་དུམ་བུ་གསུམ་པ་བམ་པོ་བཞི་བཅུ་གསུམ་མོ།།

十萬頌般若波羅蜜多經第三卷第四十三品　　(7—5)

264

甘圖 GL.t.267 (R-V)　ཤེས་རབ་ཀྱི་ཕ་རོལ་ཏུ་ཕྱིན་པ་སྟོང་ཕྲག་བརྒྱ་པ་དུམ་བུ་གསུམ་པ་བམ་པོ་བཞི་བཅུ་གསུམ་མོ།།

十萬頌般若波羅蜜多經第三卷第四十三品　　(7—6)

265

甘圖 GL.t.267 (R-V)　ཤེས་རབ་ཀྱི་ཕ་རོལ་ཏུ་ཕྱིན་པ་སྟོང་ཕྲག་བརྒྱ་པ་དུམ་བུ་གསུམ་པ་བམ་པོ་བཞི་བཅུ་གསུམ་མོ།།

十萬頌般若波羅蜜多經第三卷第四十三品　(7—7)

266

甘圖 GL.t.268 (R-V)　ཤེས་རབ་ཀྱི་ཕ་རོལ་ཏུ་ཕྱིན་པ་སྟོང་ཕྲག་བརྒྱ་པ་དུམ་བུ་གསུམ་པ་བམ་པོ་བཞི་བ་ཚ་བཞི་པོ།།
十萬頌般若波羅蜜多經第三卷第四十四品　　(7—1)

甘圖 GL.t.268 (R-V) ཤེས་རབ་ཀྱི་ཕ་རོལ་དུ་ཕྱིན་པ་སྟོང་ཕྲག་བརྒྱ་པ་དུམ་བུ་གསུམ་པ་བམ་པོ་བཞི་བ་ཅུ་བཞི་པོ།།
十萬頌般若波羅蜜多經第三卷第四十四品　　(7—2)

甘圖 GL.t.268 (R-V)　ཤེས་རབ་ཀྱི་ཕ་རོལ་ཏུ་ཕྱིན་པ་སྟོང་ཕྲག་བརྒྱ་པ་དུམ་བུ་གསུམ་པ་བམ་པོ་བཞི་བཅུ་བཞི་པའོ།།
十萬頌般若波羅蜜多經第三卷第四十四品　　(7—3)

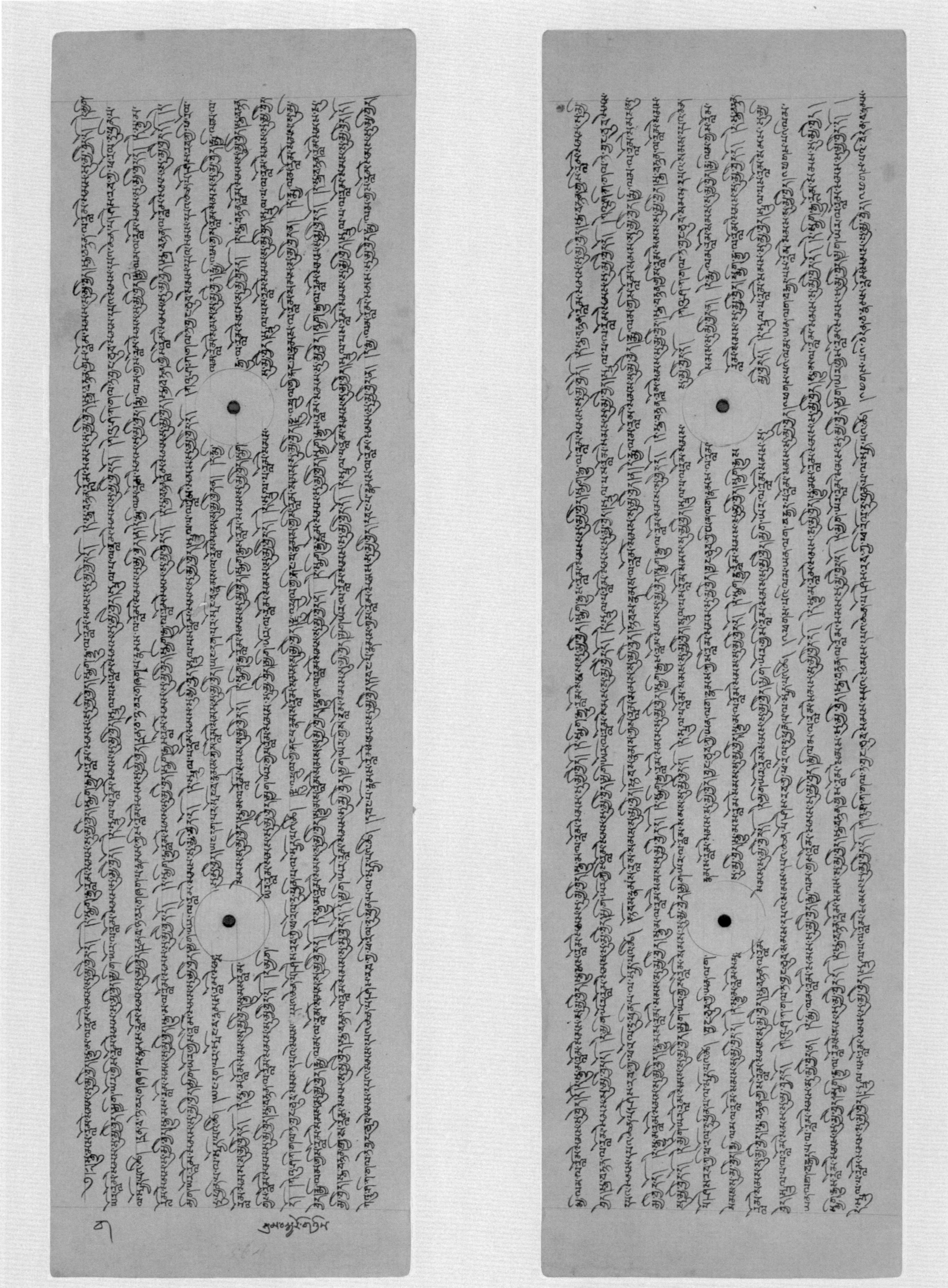

甘圖 GL.t.268 (R-V) ཤེས་རབ་ཀྱི་ཕ་རོལ་ཏུ་ཕྱིན་པ་སྟོང་ཕྲག་བརྒྱ་པ་དུམ་བུ་གསུམ་པ་བམ་པོ་བཞི་བཅུ་བཞི་པོ།།
十萬頌般若波羅蜜多經第三卷第四十四品 (7—4)

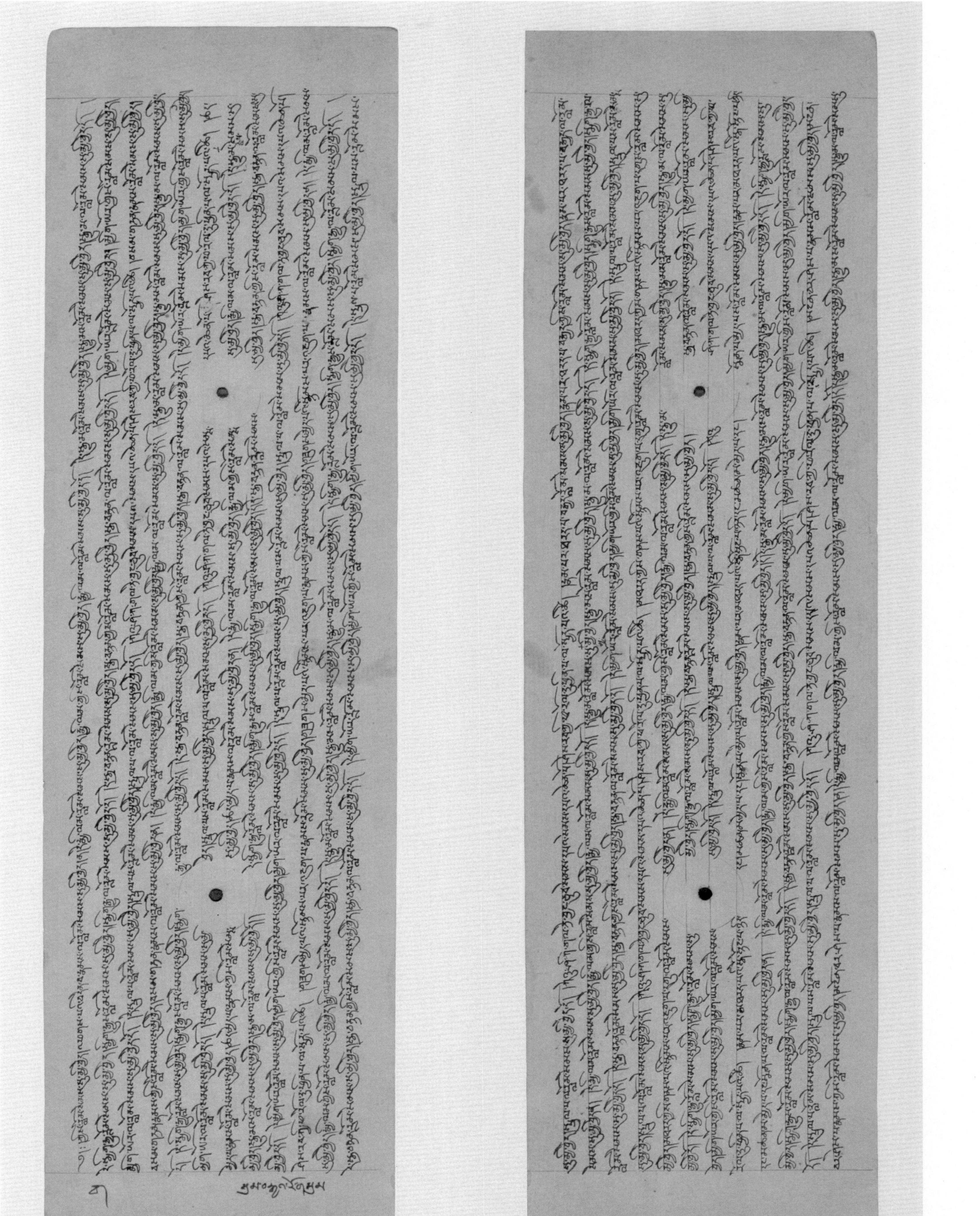

甘圖 GL.t.268 (R-V) ཤེས་རབ་ཀྱི་ཕ་རོལ་ཏུ་ཕྱིན་པ་སྟོང་ཕྲག་བརྒྱ་པ་དུམ་བུ་གསུམ་པ་བམ་པོ་བཞི་བ་ཅུ་བཞིའོ།།

十萬頌般若波羅蜜多經第三卷第四十四品 (7—5)

甘圖 GL.t.268 (R-V) ཤེས་རབ་ཀྱི་ཕ་རོལ་ཏུ་ཕྱིན་པ་སྟོང་ཕྲག་བཅུ་པ་དུམ་བུ་གསུམ་པ་བམ་པོ་བཞི་བ་ཆ་བཞི་པ།།

十萬頌般若波羅蜜多經第三卷第四十四品　　(7—6)

272

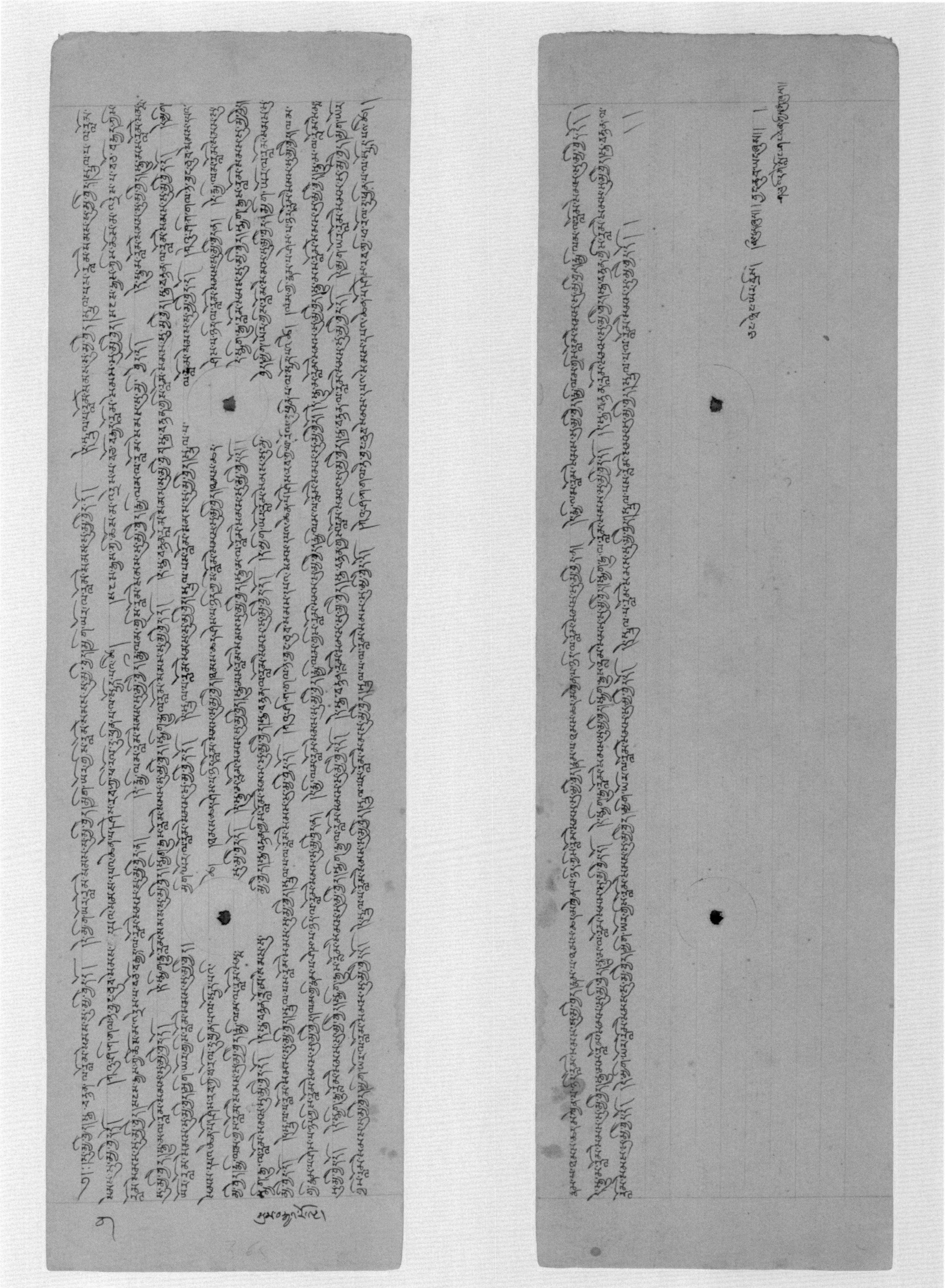

甘圖 GL.t.268 (R-V) ཤེས་རབ་ཀྱི་ཕ་རོལ་ཏུ་ཕྱིན་པ་སྟོང་ཕྲག་བརྒྱའ་པ་དུམ་བུ་གསུམ་པ་བམ་པོ་བཞི་བ་ཆུ་བཞིའོ།།
十萬頌般若波羅蜜多經第三卷第四十四品　　(7—7)

甘圖 GL.t.269 (R-V)　ཤེས་རབ་ཀྱི་ཕ་རོལ་ཏུ་ཕྱིན་པ་སྟོང་ཕྲག་བརྒྱ་པ་དུམ་བུ་གསུམ་པ་བམ་པོ་བཞི་བཅུ་ལྔའོ།།
十萬頌般若波羅蜜多經第三卷第四十五品　　(6—1)

274

甘圖 GL.t.269 (R-V) ཤེས་རབ་ཀྱི་ཕ་རོལ་ཏུ་ཕྱིན་པ་སྟོང་ཕྲག་བརྒྱ་པ་དུམ་བུ་གསུམ་པ་བམ་པོ་བཞི་བཅུ་ལྔ་པའོ།།
十萬頌般若波羅蜜多經第三卷第四十五品　　(6—2)

275

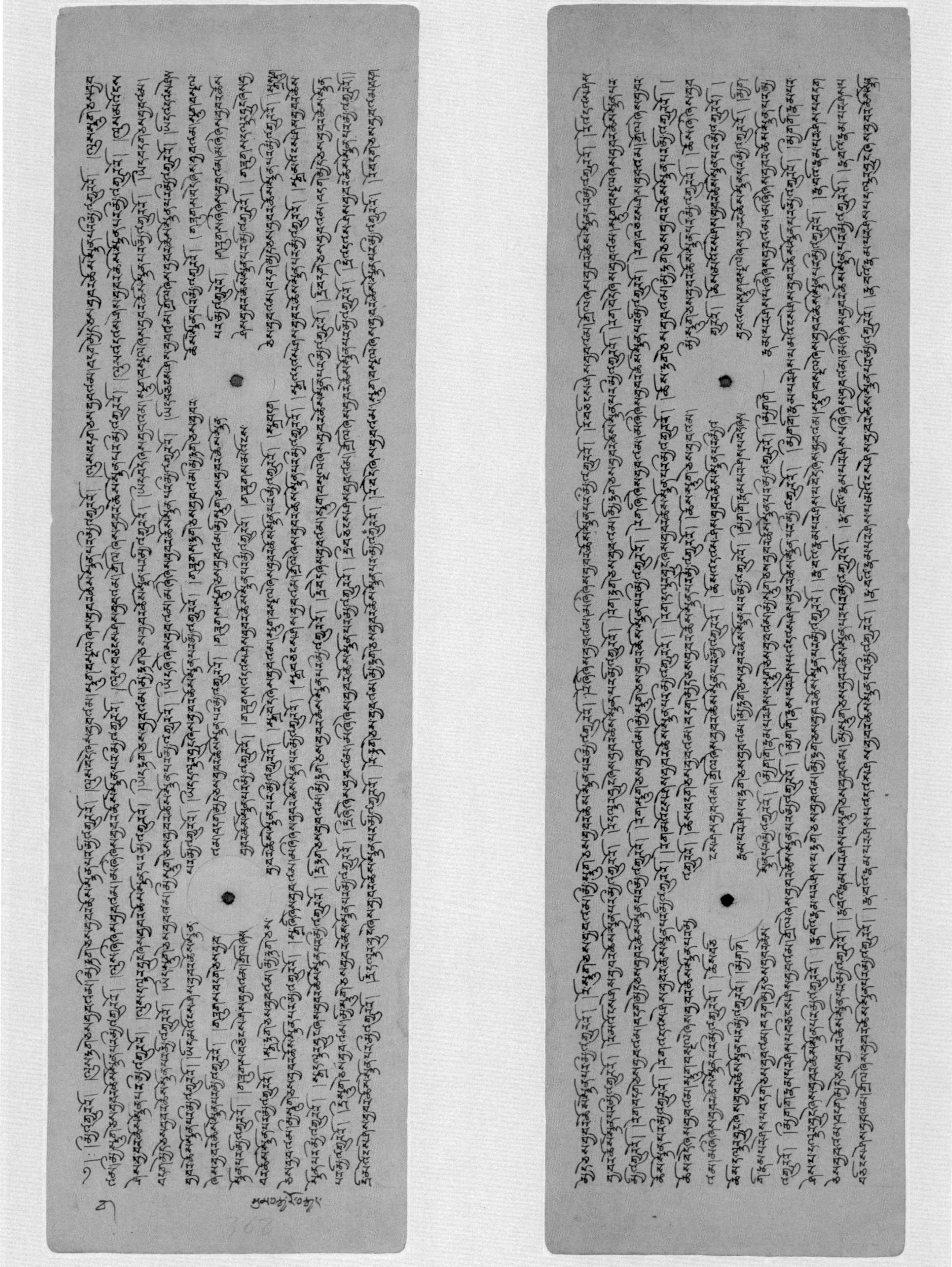

甘圖 GL.t.269 (R-V) ཤེས་རབ་ཀྱི་ཕ་རོལ་ཏུ་ཕྱིན་པ་སྟོང་ཕྲག་བརྒྱའ་པ་དུམ་བུ་གསུམ་པ་བམ་པོ་བཞི་བཅུ་ལྔ་པོ།།
十萬頌般若波羅蜜多經第三卷第四十五品 (6—3)

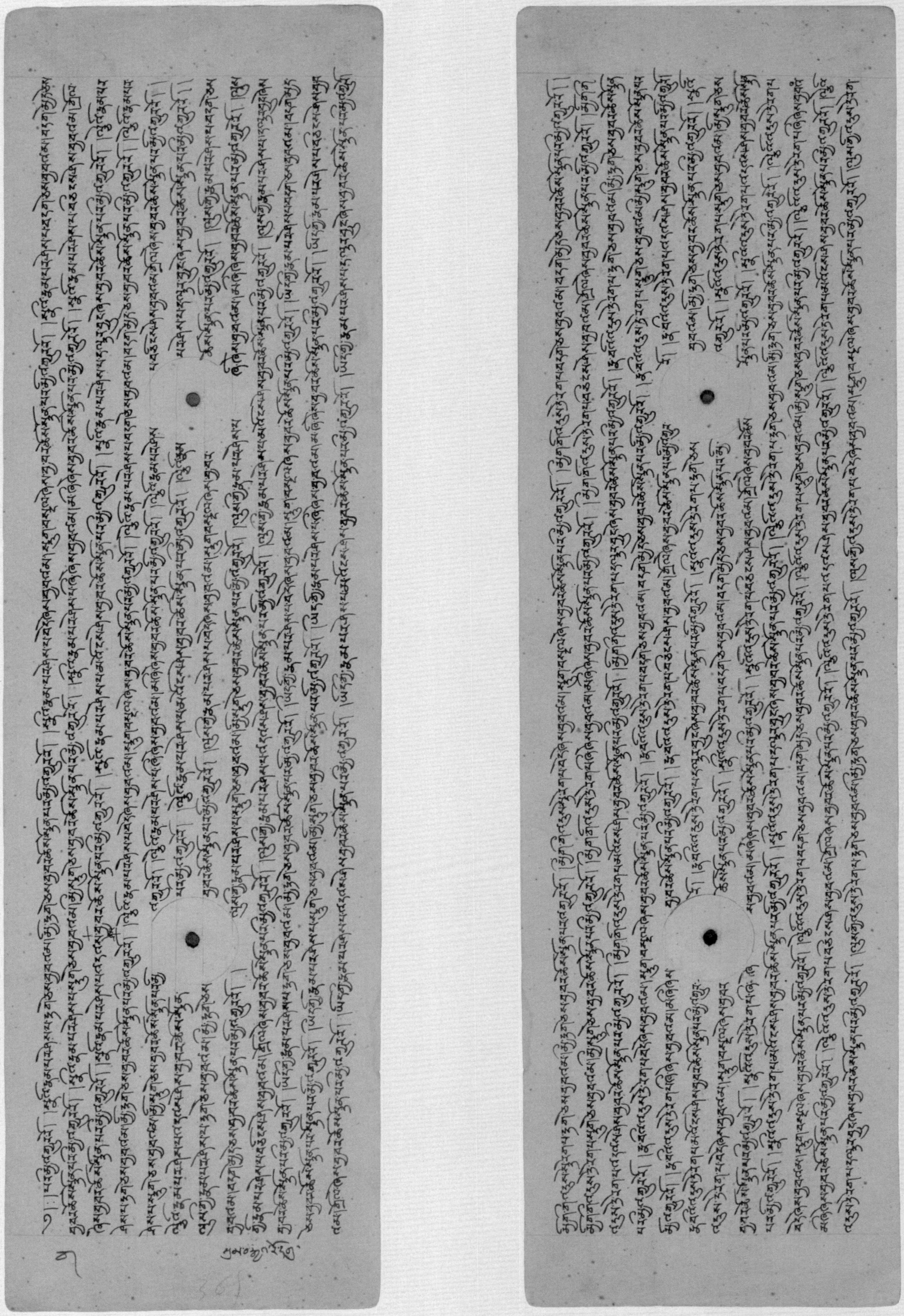

甘圖 GL.t.269 (R-V)　ཤེས་རབ་ཀྱི་ཕ་རོལ་ཏུ་ཕྱིན་པ་སྟོང་ཕྲག་བརྒྱ་པ་དུམ་བུ་གསུམ་པ་བམ་པོ་བཞི་བཅུ་ལྔ་པོ།།

十萬頌般若波羅蜜多經第三卷第四十五品　(6—4)

甘圖 GL.t.269 (R-V)　ཤེས་རབ་ཀྱི་ཕ་རོལ་ཏུ་ཕྱིན་པ་སྟོང་ཕྲག་བརྒྱ་པ་དུམ་བུ་གསུམ་པ་བམ་པོ་བཞི་བཅུ་ལྔ་པོ།།

十萬頌般若波羅蜜多經第三卷第四十五品　　(6—5)

278

甘圖 GL.t.269 (R-V) ཤེས་རབ་ཀྱི་ཕ་རོལ་ཏུ་ཕྱིན་པ་སྟོང་ཕྲག་བརྒྱ་པ་དུམ་བུ་གསུམ་པ་བམ་པོ་བཞི་བཅུ་རྩ་ལྔ་པའོ།།

十萬頌般若波羅蜜多經第三卷第四十五品　　(6—6)

甘圖 GL.t.270 (R-V)　ཤེས་རབ་ཀྱི་ཕ་རོལ་ཏུ་ཕྱིན་པ་སྟོང་ཕྲག་བརྒྱ་པ་དུམ་བུ་གསུམ་པ་བམ་པོ་བཞི་བཅུ་རྩ་དྲུག་པའོ།།།

十萬頌般若波羅蜜多經第三卷第四十六品　　(8—1)

280

甘圖 GL.t.270 (R–V)　ཤེས་རབ་ཀྱི་ཕ་རོལ་ཏུ་ཕྱིན་པ་སྟོང་ཕྲག་བརྒྱད་པ་དུམ་བུ་གསུམ་པ་བམ་པོ་བཞི་བཅུ་རྩ་དྲུག་གོ།།།
十萬頌般若波羅蜜多經第三卷第四十六品　　(8—2)

281

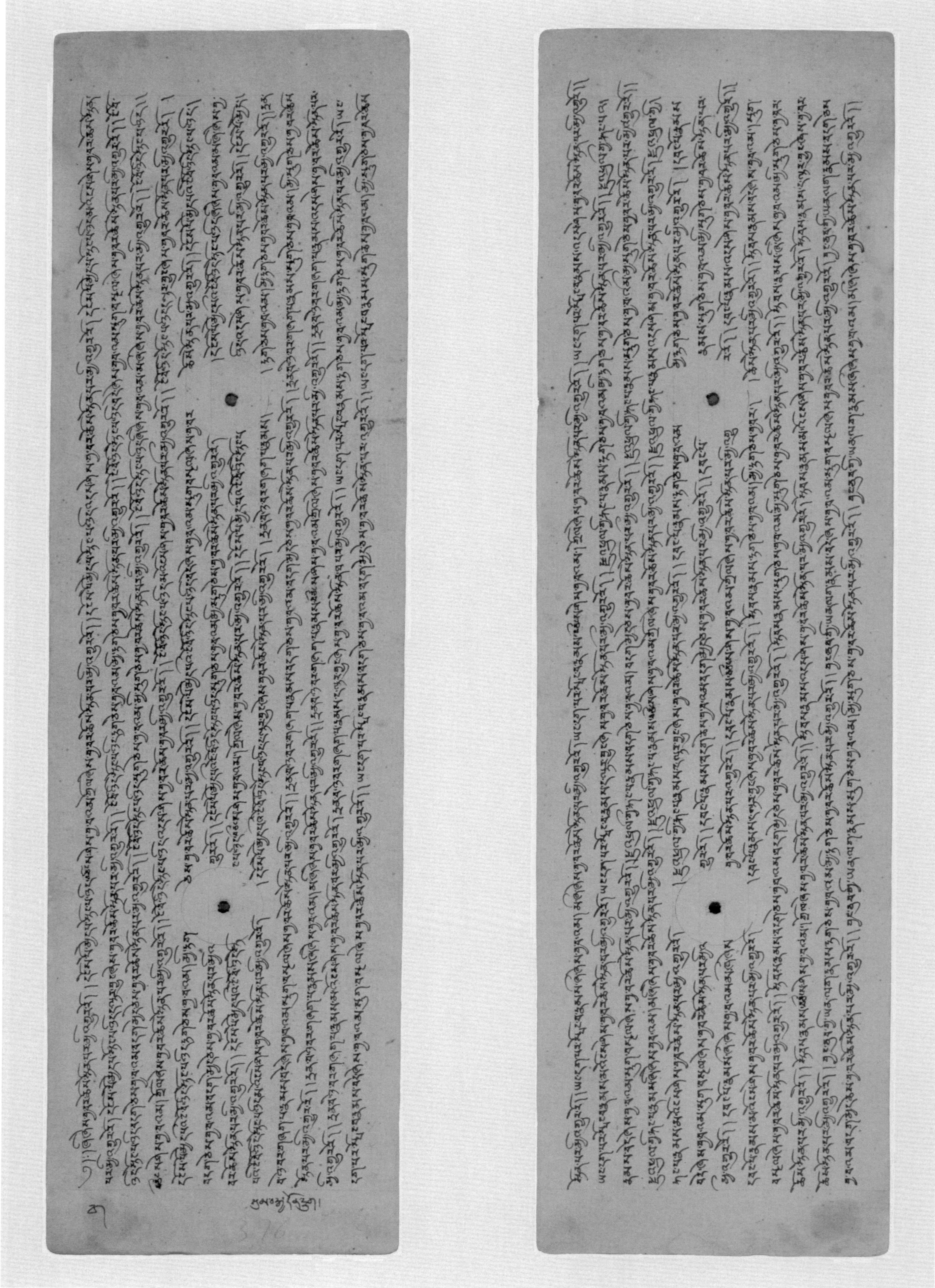

甘圖 GL.t.270 (R-V) ཤེས་རབ་ཀྱི་ཕ་རོལ་ཏུ་ཕྱིན་པ་སྟོང་ཕྲག་བརྒྱ་པ་དུམ་བུ་གསུམ་པ་བམ་པོ་བཞི་བཅུ་དྲུག་གོ།།
十萬頌般若波羅蜜多經第三卷第四十六品 (8—3)

甘圖 GL.t.270 (R-V)　ཤེས་རབ་ཀྱི་ཕ་རོལ་ཏུ་ཕྱིན་པ་སྟོང་ཕྲག་བརྒྱ་པ་དུམ་བུ་གསུམ་པ་བམ་པོ་བཞི་བཅུ་དྲུག་གོ།།
十萬頌般若波羅蜜多經第三卷第四十六品　　(8—4)

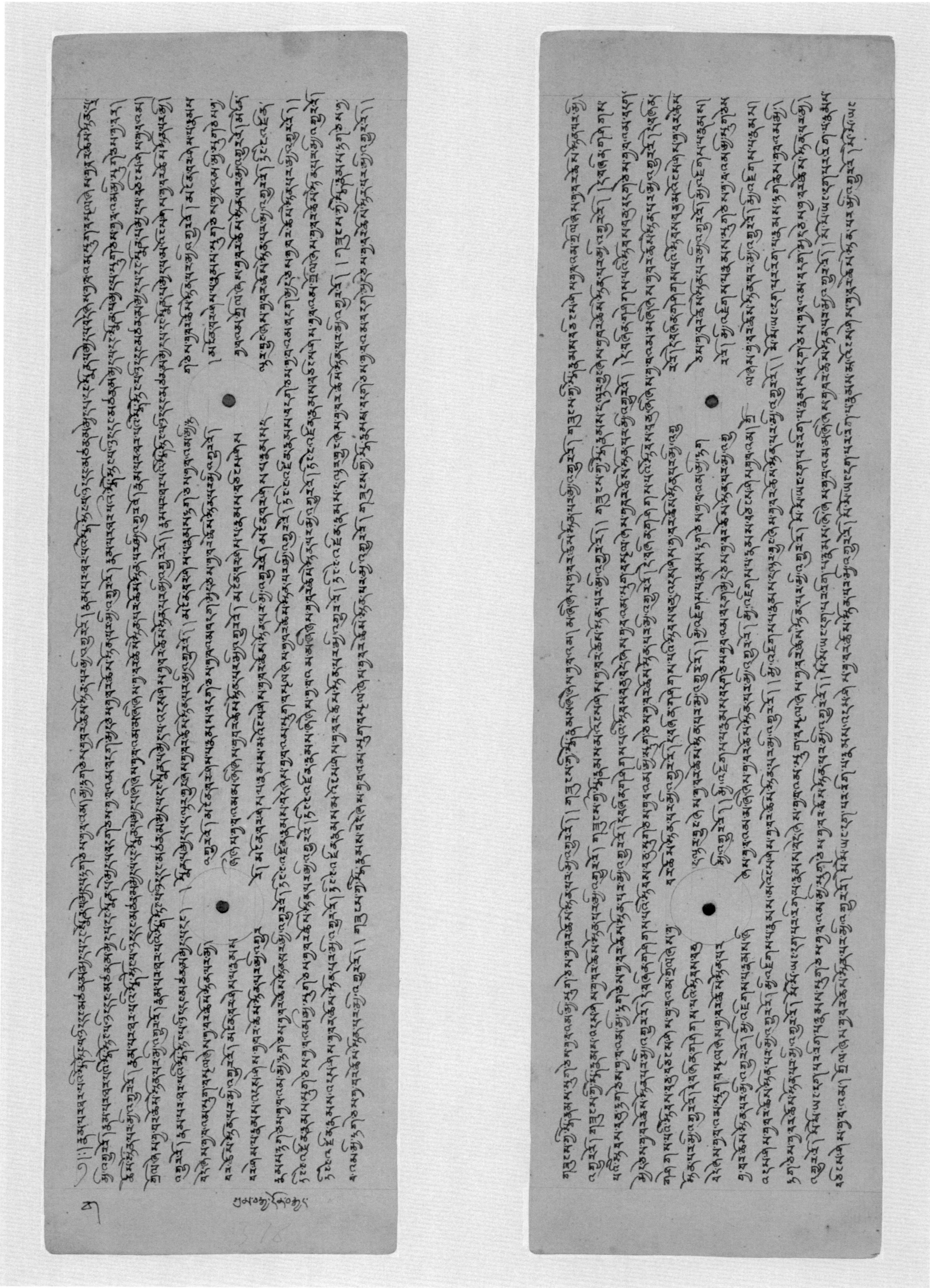

甘圖 GL.t.270 (R-V) ཤེས་རབ་ཀྱི་ཕ་རོལ་ཏུ་ཕྱིན་པ་སྟོང་ཕྲག་བརྒྱ་པ་དུམ་བུ་གསུམ་པ་བམ་པོ་བཞི་བཅུ་དྲུག་པོ།།

十萬頌般若波羅蜜多經第三卷第四十六品 (8—5)

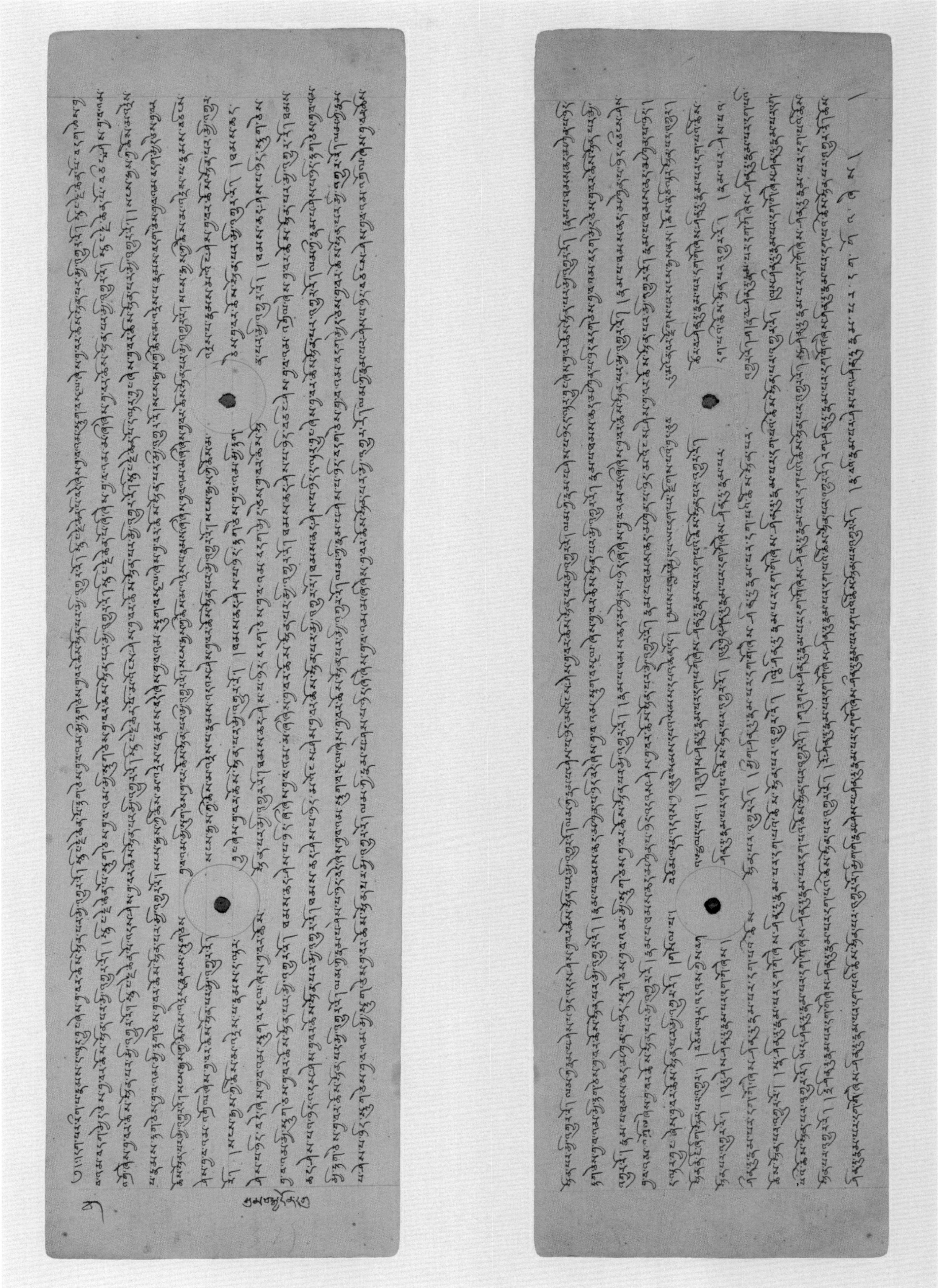

甘圖 GL.t.270 (R-V) ཤེས་རབ་ཀྱི་ཕ་རོལ་ཏུ་ཕྱིན་པ་སྟོང་ཕྲག་བརྒྱ་པ་དུམ་བུ་གསུམ་པ་བམ་པོ་བཞི་བཅུ་དྲུག་གོ།།
十萬頌般若波羅蜜多經第三卷第四十六品 (8—6)

甘圖 GL.t.270 (R-V) ཤེས་རབ་ཀྱི་ཕ་རོལ་ཏུ་ཕྱིན་པ་སྟོང་ཕྲག་བརྒྱ་པ་དུམ་བུ་གསུམ་པ་བམ་པོ་བཞི་བཅུ་རྩ་དྲུག་གོ །།

十萬頌般若波羅蜜多經第三卷第四十六品　　(8—7)

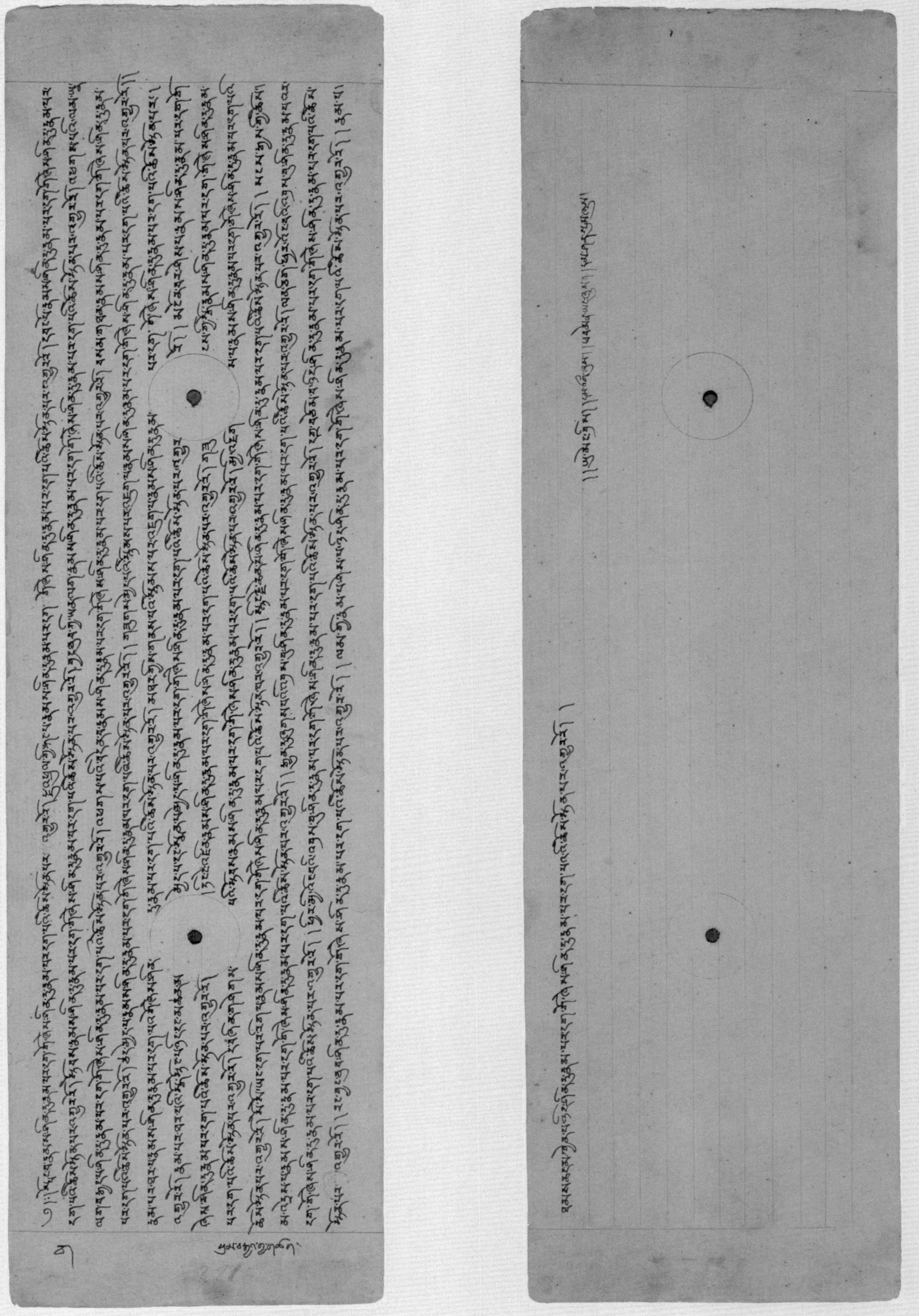

甘圖 GL.t.270 (R-V) ཤེས་རབ་ཀྱི་ཕ་རོལ་ཏུ་ཕྱིན་པ་སྟོང་ཕྲག་བརྒྱ་པ་དུམ་བུ་གསུམ་པ་བམ་པོ་བཞི་བཅུ་དྲུག་གོ།།

十萬頌般若波羅蜜多經第三卷第四十六品　(8—8)

甘圖 GL.t.271 (R-V)　ཤེས་རབ་ཀྱི་ཕ་རོལ་ཏུ་ཕྱིན་པ་སྟོང་ཕྲག་བརྒྱ་པ་དུམ་བུ་གསུམ་པ་བམ་པོ་བཞི་བཅུ་བདུན་ནོ།།

十萬頌般若波羅蜜多經第三卷第四十七品　　(8—1)

288

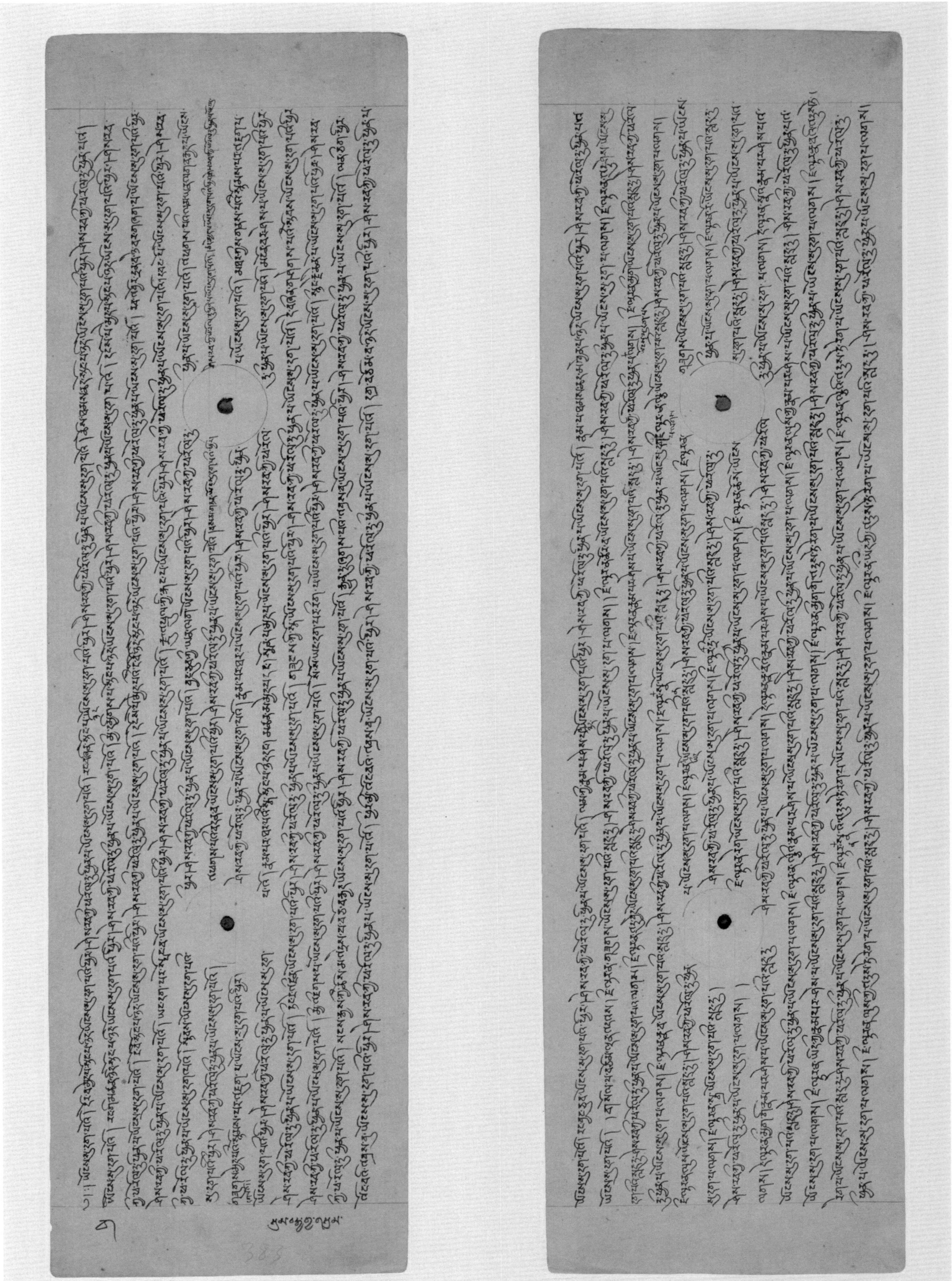

甘圖 GL.t.271 (R-V) ཤེས་རབ་ཀྱི་ཕ་རོལ་ཏུ་ཕྱིན་པ་སྟོང་ཕྲག་བརྒྱ་པ་དུམ་བུ་གསུམ་པ་བམ་པོ་བཞི་བཅུ་བདུན་ནོ།།

十萬頌般若波羅蜜多經第三卷第四十七品　　(8—3)

290

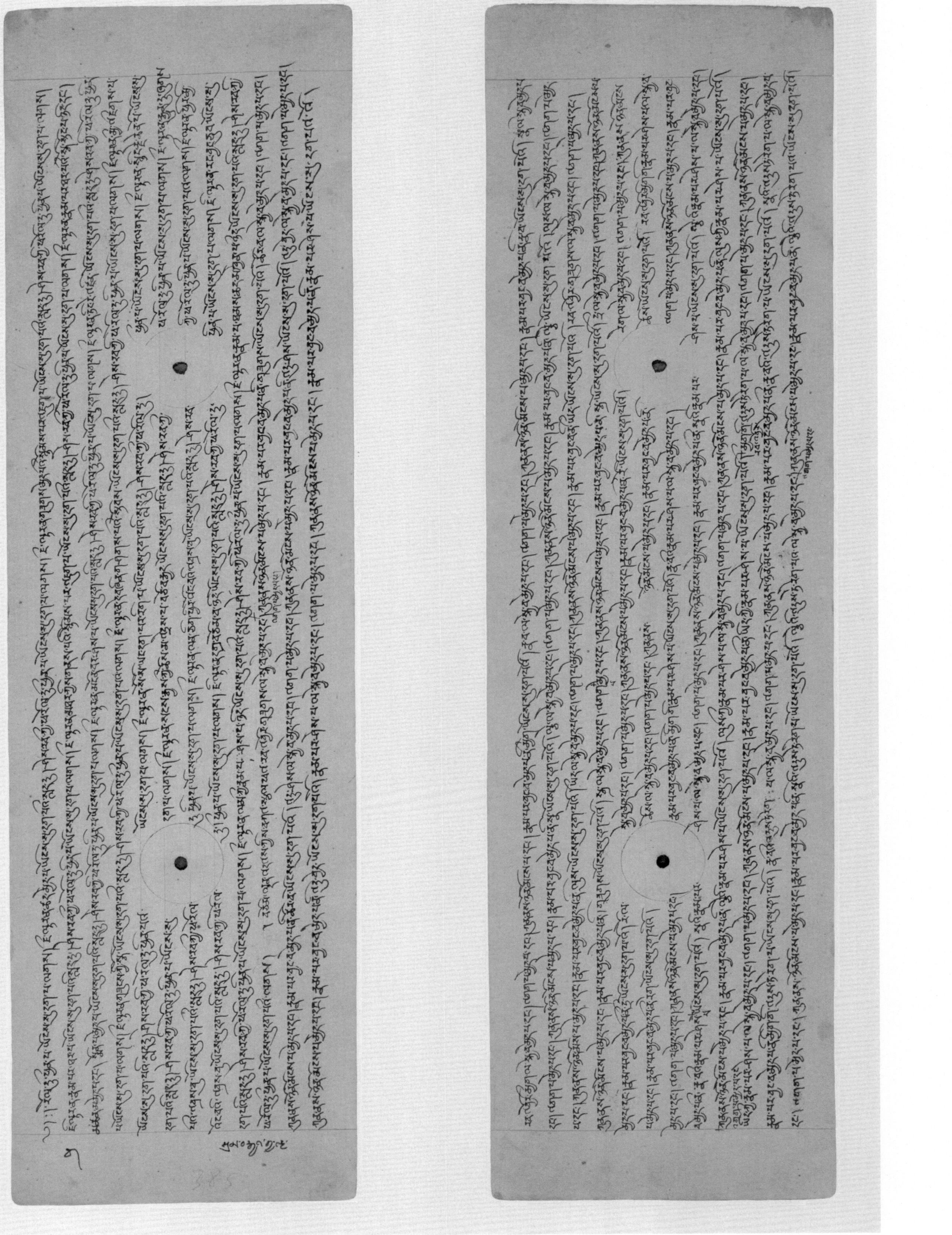

甘圖 GL.t.271 (R-V) ཤེས་རབ་ཀྱི་ཕ་རོལ་ཏུ་ཕྱིན་པ་སྟོང་ཕྲག་བརྒྱ་པ་དུམ་བུ་གསུམ་པ་བམ་པོ་བཞི་བཅུ་བདུན་ནོ།།
十萬頌般若波羅蜜多經第三卷第四十七品 (8—4)

甘圖 GL.t.271 (R-V)　ཤེས་རབ་ཀྱི་ཕ་རོལ་ཏུ་ཕྱིན་པ་སྟོང་ཕྲག་བརྒྱ་པ་དུམ་བུ་གསུམ་པ་བམ་པོ་བཞི་བཅུ་བདུན་ནོ།།

十萬頌般若波羅蜜多經第三卷第四十七品　　(8—5)

292

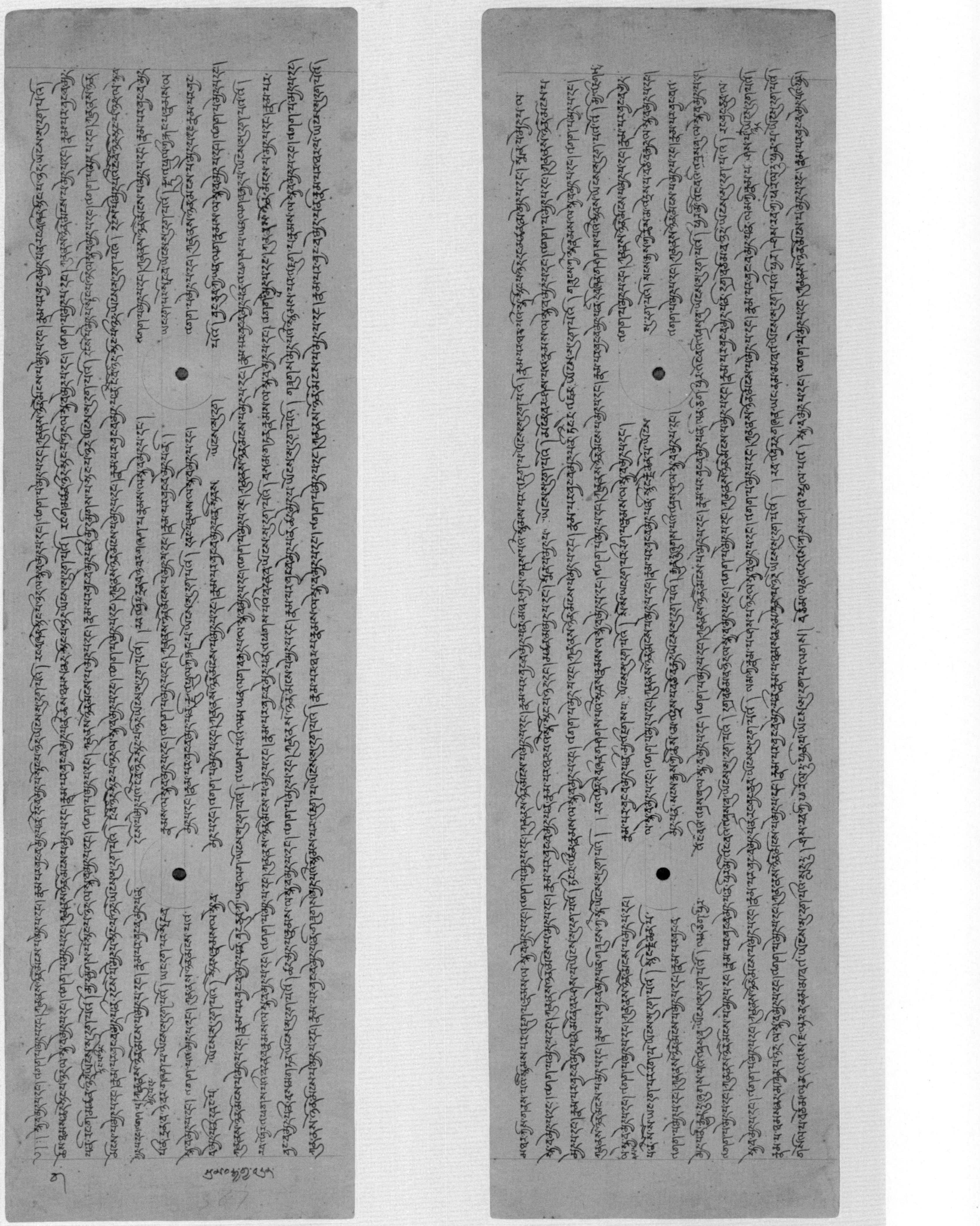

甘圖 GL.t.271 (R-V)　ཤེས་རབ་ཀྱི་ཕ་རོལ་ཏུ་ཕྱིན་པ་སྟོང་ཕྲག་བརྒྱ་པ་དུམ་བུ་གསུམ་པ་བམ་པོ་བཞི་བཅུ་བདུན་ནོ།།
十萬頌般若波羅蜜多經第三卷第四十七品　(8—6)

甘圖 GL.t.271 (R-V) ཤེས་རབ་ཀྱི་ཕ་རོལ་དུ་ཕྱིན་པ་སྟོང་ཕྲག་བརྒྱ་པ་དུམ་བུ་གསུམ་པ་བམ་པོ་བཞི་བཅུ་བདུན་ནོ།།
十萬頌般若波羅蜜多經第三卷第四十七品　　(8—7)

甘圖 GL.t.271 (R-V)　ཤེས་རབ་ཀྱི་ཕ་རོལ་ཏུ་ཕྱིན་པ་སྟོང་ཕྲག་བརྒྱ་པ་དུམ་བུ་གསུམ་པ་བམ་པོ་བཞི་བཅུ་བདུན་གོ།།

十萬頌般若波羅蜜多經第三卷第四十七品　　(8—8)

甘圖 GL.t.272 (R-V) ཤེས་རབ་ཀྱི་ཕ་རོལ་ཏུ་ཕྱིན་པ་སྟོང་ཕྲག་བརྒྱ་པ་དུམ་བུ་གསུམ་པ་བམ་པོ་བཞི་བཅུ་བརྒྱད་པོ།།

十萬頌般若波羅蜜多經第三卷第四十八品　　(6—1)

甘圖 GL.t.272 (R-V)　ཤེས་རབ་ཀྱི་ཕ་རོལ་ཏུ་ཕྱིན་པ་སྟོང་ཕྲག་བརྒྱ་པ་དུམ་བུ་གསུམ་པ་བམ་པོ་བཞི་བཅུ་བརྒྱད་དོ།།

十萬頌般若波羅蜜多經第三卷第四十八品　　(6—2)

甘圖 GL.t.272 (R-V) ཤེས་རབ་ཀྱི་ཕ་རོལ་ཏུ་ཕྱིན་པ་སྟོང་ཕྲག་བརྒྱ་པ་དུམ་བུ་གསུམ་པ་བམ་པོ་བཞི་བཅུ་བརྒྱད་དོ།།

十萬頌般若波羅蜜多經第三卷第四十八品　　(6—3)

298

甘圖 GL.t.272 (R-V) ཤེས་རབ་ཀྱི་ཕ་རོལ་ཏུ་ཕྱིན་པ་སྟོང་ཕྲག་བརྒྱ་པ་དུམ་བུ་གསུམ་པ་བམ་པོ་བཞི་བཅུ་བརྒྱད་དོ།།

十萬頌般若波羅蜜多經第三卷第四十八品　　(6—4)

299

甘圖 GL.t.272 (R-V) ཤེས་རབ་ཀྱི་ཕ་རོལ་ཏུ་ཕྱིན་པ་སྟོང་ཕྲག་བརྒྱ་པ་དུམ་བུ་གསུམ་པ་བམ་པོ་བཞི་བཅུ་བརྒྱད་དོ།།

十萬頌般若波羅蜜多經第三卷第四十八品　　(6—5)

甘圖 GL.t.272 (R-V) ཤེས་རབ་ཀྱི་ཕ་རོལ་ཏུ་ཕྱིན་པ་སྟོང་ཕྲག་བརྒྱ་པ་དུམ་བུ་གསུམ་པ་བམ་པོ་བཞི་བཅུ་བརྒྱད་དོ།།

十萬頌般若波羅蜜多經第三卷第四十八品　　(6—6)

甘圖 GL.t.273 (R-V)　ཤེས་རབ་ཀྱི་ཕ་རོལ་ཏུ་ཕྱིན་པ་སྟོང་ཕྲག་བརྒྱ་པ།

十萬頌般若波羅蜜多經　　(2—1)

302

甘圖 GL.t.273 (R-V)　ཤེས་རབ་ཀྱི་ཕ་རོལ་ཏུ་ཕྱིན་པ་སྟོང་ཕྲག་བརྒྱ་པ།
十萬頌般若波羅蜜多經　　(2—2)

甘圖 GL.t.274 (R-V)　ཤེས་རབ་ཀྱི་ཕ་རོལ་ཏུ་ཕྱིན་པ་སྟོང་ཕྲག་བརྒྱ་པ།

十萬頌般若波羅蜜多經

304

甘圖 GL.t.275 (R-V)　ཤེས་རབ་ཀྱི་ཕ་རོལ་དུ་ཕྱིན་པ་སྟོང་ཕྲག་བརྒྱ་པ།

十萬頌般若波羅蜜多經

甘圖 GL.t.276 (R-V)　ཤེས་རབ་ཀྱི་ཕ་རོལ་ཏུ་ཕྱིན་པ་སྟོང་ཕྲག་བརྒྱ་པ།

十萬頌般若波羅蜜多經

甘圖 GL.t.277 (R-V) ཤེས་རབ་ཀྱི་ཕ་རོལ་དུ་ཕྱིན་པ་སྟོང་ཕྲག་བརྒྱ་པ།
十萬頌般若波羅蜜多經

甘圖 GL.t.278 (R-V)　ཤེས་རབ་ཀྱི་ཕ་རོལ་དུ་ཕྱིན་པ་སྟོང་ཕྲག་བརྒྱ་པ།
十萬頌般若波羅蜜多經

308

甘圖 GL.t.279 (R-V) ཤེས་རབ་ཀྱི་ཕ་རོལ་དུ་ཕྱིན་པ་སྟོང་ཕྲག་བརྒྱ་པ།
十萬頌般若波羅蜜多經

甘圖 GL.t.280 (R-V) ཤེས་རབ་ཀྱི་ཕ་རོལ་ཏུ་ཕྱིན་པ་སྟོང་ཕྲག་བརྒྱ་པ།
十萬頌般若波羅蜜多經

甘圖 GL.t.281 (R-V) ཤེས་རབ་ཀྱི་ཕ་རོལ་ཏུ་ཕྱིན་པ་སྟོང་ཕྲག་བརྒྱ་པ།

十萬頌般若波羅蜜多經

311

甘圖 GL.t.282 (R-V)　ཤེས་རབ་ཀྱི་ཕ་རོལ་དུ་ཕྱིན་པ་སྟོང་ཕྲག་བརྒྱ་པ།
十萬頌般若波羅蜜多經

甘圖 GL.t.283 (R-V)　ཤེས་རབ་ཀྱི་ཕ་རོལ་དུ་ཕྱིན་པ་སྟོང་ཕྲག་བརྒྱ་པ།

十萬頌般若波羅蜜多經

甘圖 GL.t.284 (R-V)　ཤེས་རབ་ཀྱི་ཕ་རོལ་དུ་ཕྱིན་པ་སྟོང་ཕྲག་བརྒྱ་པ་དུམ་བུ་གསུམ་པ་བམ་པོ་དྲུག་ཅུ་ལྔ་པོ།།

十萬頌般若波羅蜜多經第三卷第六十五品

甘圖 GL.t.285 (R-V) ཤེས་རབ་ཀྱི་ཕ་རོལ་ཏུ་ཕྱིན་པ་སྟོང་ཕྲག་བརྒྱ་པ།
十萬頌般若波羅蜜多經　　(2—1)

315

甘圖 GL.t.285 (R-V)　ཤེས་རབ་ཀྱི་ཕ་རོལ་ཏུ་ཕྱིན་པ་སྟོང་ཕྲག་བརྒྱ་པ།

十萬頌般若波羅蜜多經　　(2—2)

甘圖 GL.t.286 (R-V)　ཤེས་རབ་ཀྱི་ཕ་རོལ་ཏུ་ཕྱིན་པ་སྟོང་ཕྲག་བརྒྱ་པ།
十萬頌般若波羅蜜多經

甘圖 GL.t.287 (R-V)　ཤེས་རབ་ཀྱི་ཕ་རོལ་ཏུ་ཕྱིན་པ་སྟོང་ཕྲག་བརྒྱ་པ།
十萬頌般若波羅蜜多經

318

甘圖 GL.t.288 (R-V) ཤེས་རབ་ཀྱི་ཕ་རོལ་ཏུ་ཕྱིན་པ་སྟོང་ཕྲག་བརྒྱ་པ།
十萬頌般若波羅蜜多經　　(2—1)

甘圖 GL.t.288 (R-V)　ཤེས་རབ་ཀྱི་ཕ་རོལ་ཏུ་ཕྱིན་པ་སྟོང་ཕྲག་བརྒྱ་པ།
十萬頌般若波羅蜜多經　　(2—2)

甘圖 GL.t.289 (R-V)　ཤེས་རབ་ཀྱི་ཕ་རོལ་ཏུ་ཕྱིན་པ་སྟོང་ཕྲག་བརྒྱ་པ།
十萬頌般若波羅蜜多經　　(6—1)

甘圖 GL.t.289 (R-V)　ཤེས་རབ་ཀྱི་ཕ་རོལ་ཏུ་ཕྱིན་པ་སྟོང་ཕྲག་བརྒྱ་པ།

十萬頌般若波羅蜜多經　　(6—2)

甘圖 GL.t.289 (R-V)　ཤེས་རབ་ཀྱི་ཕ་རོལ་ཏུ་ཕྱིན་པ་སྟོང་ཕྲག་བརྒྱ་པ།
十萬頌般若波羅蜜多經　　(6—3)

甘圖 GL.t.289 (R-V) ཤེས་རབ་ཀྱི་ཕ་རོལ་དུ་ཕྱིན་པ་སྟོང་ཕྲག་བརྒྱ་པ།
十萬頌般若波羅蜜多經　　(6—4)

甘圖 GL.t.289 (R-V) ཤེས་རབ་ཀྱི་ཕ་རོལ་དུ་ཕྱིན་པ་སྟོང་ཕྲག་བརྒྱ་པ།

十萬頌般若波羅蜜多經　　(6—5)

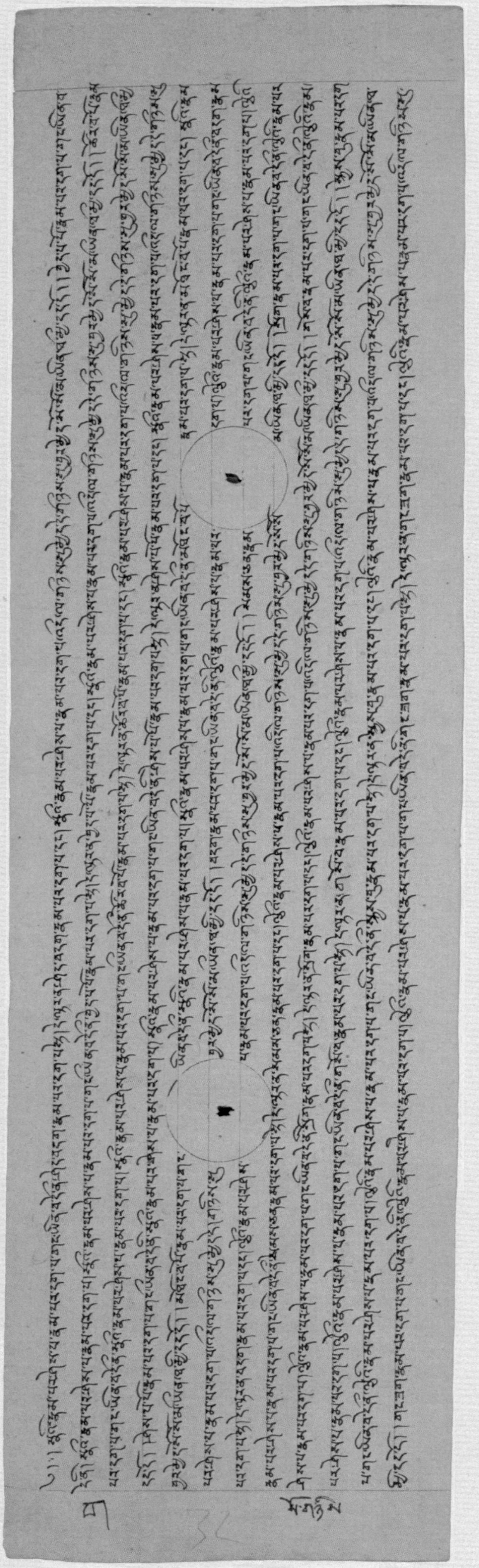

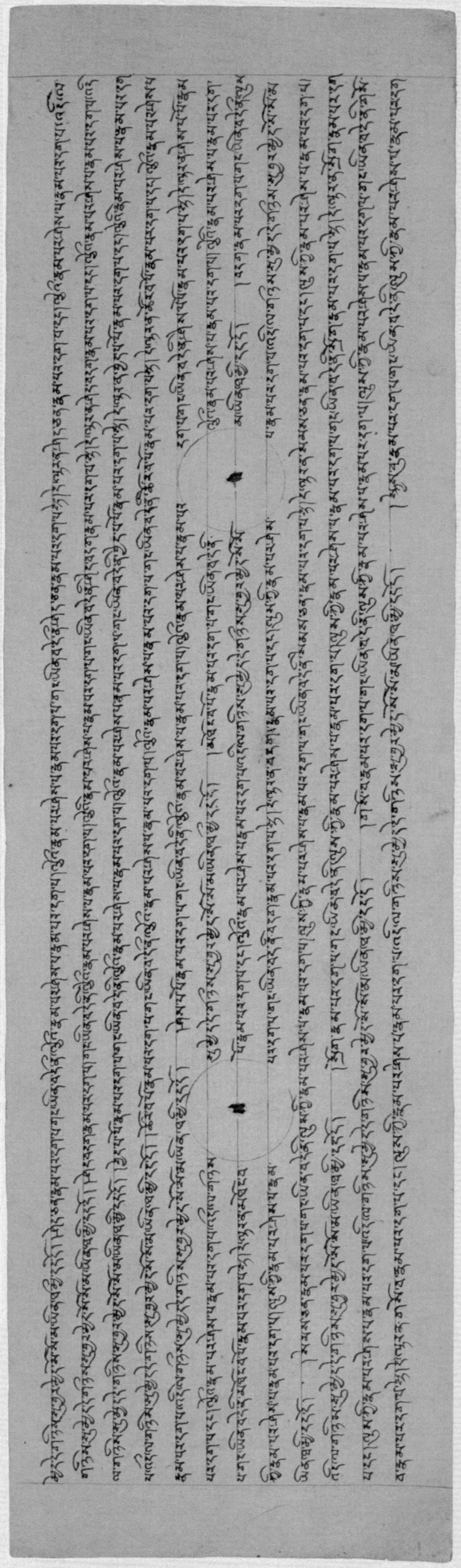

甘圖 GL.t.289 (R-V) ཤེས་རབ་ཀྱི་ཕ་རོལ་ཏུ་ཕྱིན་པ་སྟོང་ཕྲག་བརྒྱ་པ།
十萬頌般若波羅蜜多經 (6—6)

甘圖 GL.t.290 (R-V) ཤེས་རབ་ཀྱི་ཕ་རོལ་དུ་ཕྱིན་པ་སྟོང་ཕྲག་བརྒྱ་པ།
十萬頌般若波羅蜜多經 　　(2—1)

甘圖 GL.t.290 (R-V)　ཤེས་རབ་ཀྱི་ཕ་རོལ་ཏུ་ཕྱིན་པ་སྟོང་ཕྲག་བརྒྱ་པ།

十萬頌般若波羅蜜多經　　(2—2)

甘圖 GL.t.291 (R-V)　ཤེས་རབ་ཀྱི་ཕ་རོལ་དུ་ཕྱིན་པ་སྟོང་ཕྲག་བརྒྱ་པ།
十萬頌般若波羅蜜多經

甘圖 GL.t.292 (R-V)   ཤེས་རབ་ཀྱི་ཕ་རོལ་དུ་ཕྱིན་པ་སྟོང་ཕྲག་བརྒྱ་པ།
十萬頌般若波羅蜜多經

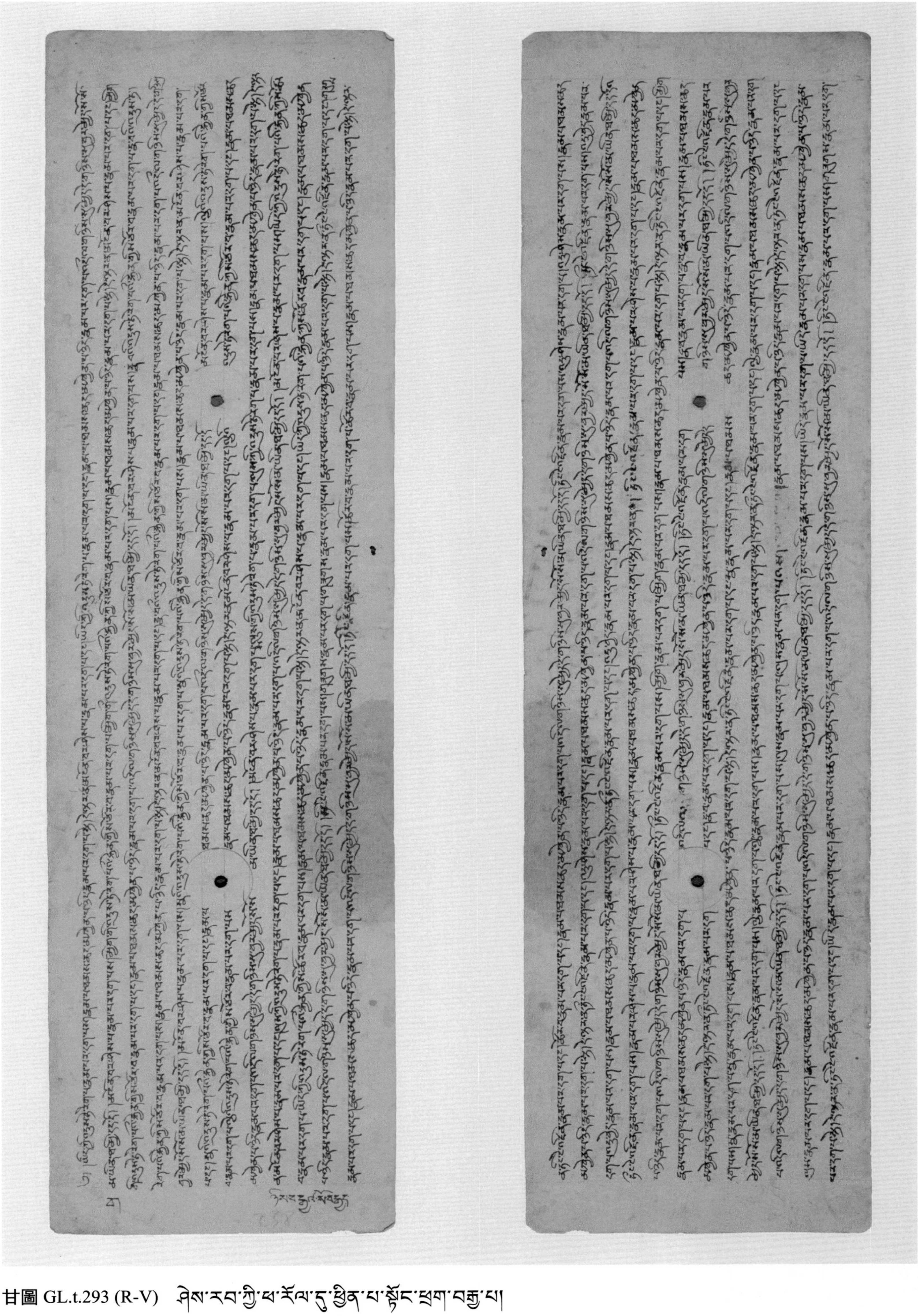

甘圖 GL.t.293 (R-V) ཤེས་རབ་ཀྱི་ཕ་རོལ་ཏུ་ཕྱིན་པ་སྟོང་ཕྲག་བརྒྱ་པ།
十萬頌般若波羅蜜多經 (2—1)

甘圖 GL.t.293 (R-V)　ཤེས་རབ་ཀྱི་ཕ་རོལ་ཏུ་ཕྱིན་པ་སྟོང་ཕྲག་བརྒྱ་པ།

十萬頌般若波羅蜜多經　　(2—2)

甘圖 GL.t.294 (R-V)　ཤེས་རབ་ཀྱི་ཕ་རོལ་ཏུ་ཕྱིན་པ་སྟོང་ཕྲག་བརྒྱ་པ།
十萬頌般若波羅蜜多經

甘圖 GL.t.295 (R-V)　ཤེས་རབ་ཀྱི་ཕ་རོལ་ཏུ་ཕྱིན་པ་སྟོང་ཕྲག་བརྒྱ་པ་དུམ་བུ་གསུམ་པ་བམ་པོ་སུམ་ཅུ་གཅིག་གོ།།
十萬頌般若波羅蜜多經第三卷第三十一品

甘圖 GL.t.296 (R-V)　ཤེས་རབ་ཀྱི་ཕ་རོལ་ཏུ་ཕྱིན་པ་སྟོང་ཕྲག་བརྒྱ་པ།

十萬頌般若波羅蜜多經

甘圖 GL.t.297 (R-V)　ཤེས་རབ་ཀྱི་ཕ་རོལ་དུ་ཕྱིན་པ་སྟོང་ཕྲག་བརྒྱ་པ།

十萬頌般若波羅蜜多經

336

甘圖 GL.t.298 (R-V)　ཤེས་རབ་ཀྱི་ཕ་རོལ་ཏུ་ཕྱིན་པ་སྟོང་ཕྲག་བརྒྱ་པ།

十萬頌般若波羅蜜多經　　(3—1)

甘圖 GL.t.298 (R-V)　ཤེས་རབ་ཀྱི་ཕ་རོལ་ཏུ་ཕྱིན་པ་སྟོང་ཕྲག་བརྒྱ་པ།

十萬頌般若波羅蜜多經　　(3—2)

甘圖 GL.t.298 (R-V)　ཤེས་རབ་ཀྱི་ཕ་རོལ་དུ་ཕྱིན་པ་སྟོང་ཕྲག་བརྒྱ་པ།
十萬頌般若波羅蜜多經　　(3—3)

甘圖 GL.t.299 (R-V)　ཤེས་རབ་ཀྱི་ཕ་རོལ་ཏུ་ཕྱིན་པ་སྟོང་ཕྲག་བརྒྱ་པ།

十萬頌般若波羅蜜多經

340

甘圖 GL.t.300 (R-V) ཤེས་རབ་ཀྱི་ཕ་རོལ་ཏུ་ཕྱིན་པ་སྟོང་ཕྲག་བརྒྱ་པ།
十萬頌般若波羅蜜多經

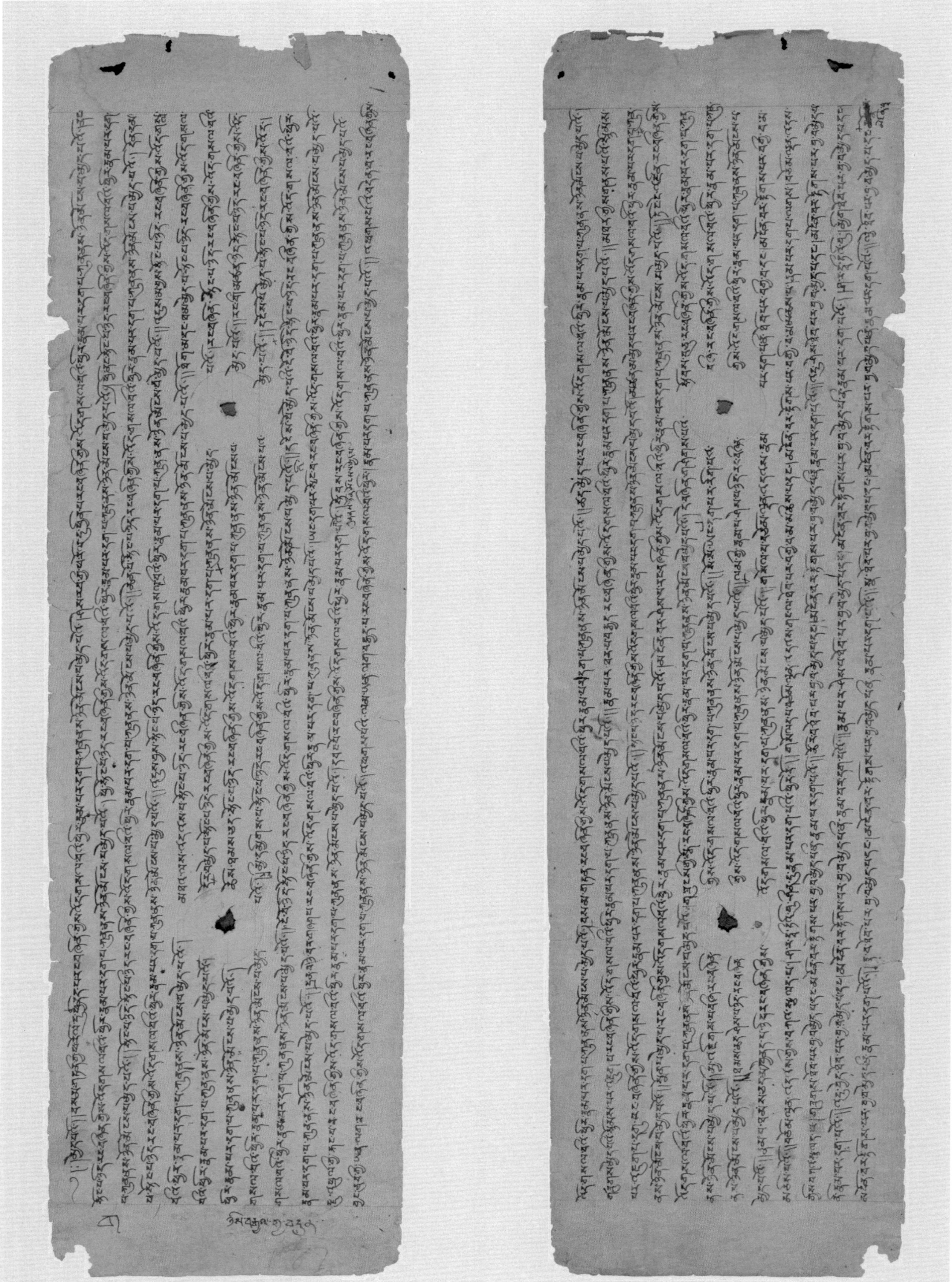

甘圖 GL.t.301 (R-V) ཤེས་རབ་ཀྱི་ཕ་རོལ་ཏུ་ཕྱིན་པ་སྟོང་ཕྲག་བརྒྱ་པ།
十萬頌般若波羅蜜多經

甘圖 GL.t.302 (R-V)　ཤེས་རབ་ཀྱི་ཕ་རོལ་ཏུ་ཕྱིན་པ་སྟོང་ཕྲག་བརྒྱ་པ།

十萬頌般若波羅蜜多經

343

甘圖 GL.t.303 (R-V)　ཤེས་རབ་ཀྱི་ཕ་རོལ་དུ་ཕྱིན་པ་སྟོང་ཕྲག་བརྒྱ་པ།

十萬頌般若波羅蜜多經

344

甘圖 GL.t.304 (R-V)　ཤེས་རབ་ཀྱི་ཕ་རོལ་ཏུ་ཕྱིན་པ་སྟོང་ཕྲག་བརྒྱ་པ།
十萬頌般若波羅蜜多經

甘圖 GL.t.305 (R-V)　ཤེས་རབ་ཀྱི་ཕ་རོལ་ཏུ་ཕྱིན་པ་སྟོང་ཕྲག་བརྒྱ་པ་དུམ་བུ་དང་པོ་བམ་པོ་ཉི་ཤུ་གཉིས་སོ།།

十萬頌般若波羅蜜多經第一卷第二十二品

346

甘圖 GL.t.306 (R-V) ཤེས་རབ་ཀྱི་ཕ་རོལ་ཏུ་ཕྱིན་པ་སྟོང་ཕྲག་བརྒྱ་པ་དུམ་བུ་དང་པོ་བམ་པོ་ལྔ་བཅུ་བདུན་ནོ།།
十萬頌般若波羅蜜多經第一卷第五十七品

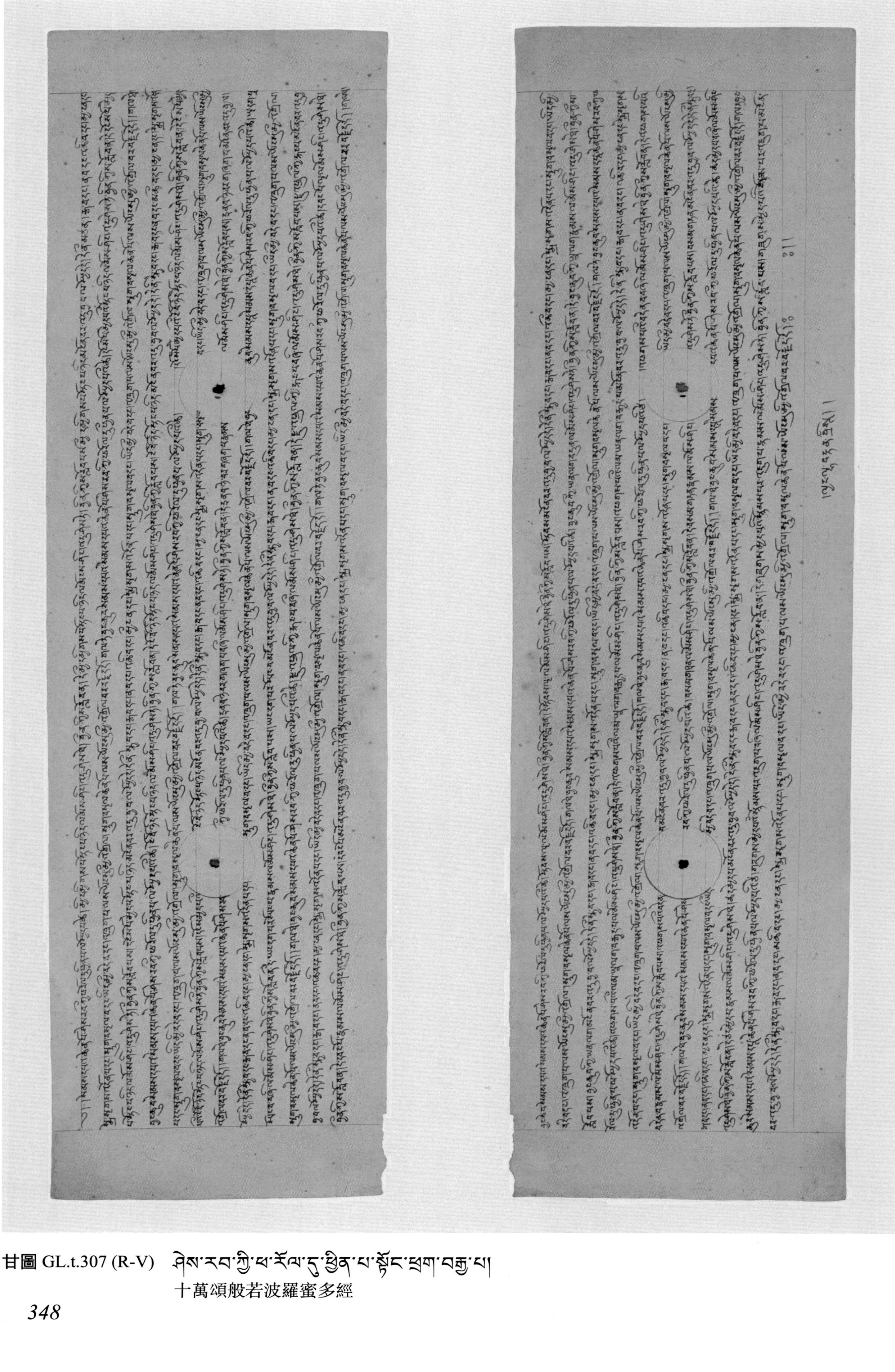

甘圖 GL.t.307 (R-V) ཤེས་རབ་ཀྱི་ཕ་རོལ་ཏུ་ཕྱིན་པ་སྟོང་ཕྲག་བརྒྱ་པ།
十萬頌般若波羅蜜多經

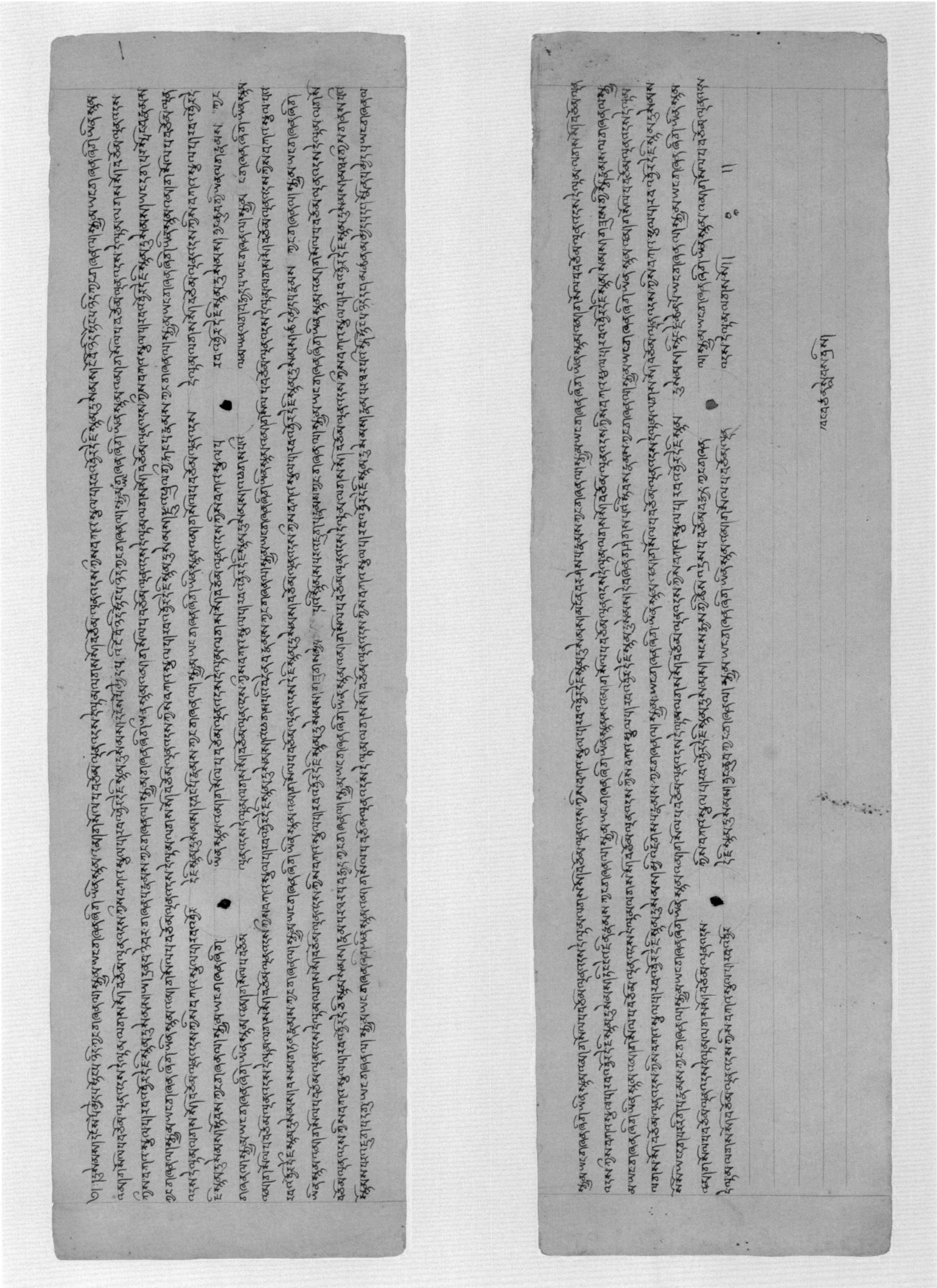

甘圖 GL.t.308 (R-V) ཤེས་རབ་ཀྱི་ཕ་རོལ་ཏུ་ཕྱིན་པ་སྟོང་ཕྲག་བརྒྱ་པ།
十萬頌般若波羅蜜多經

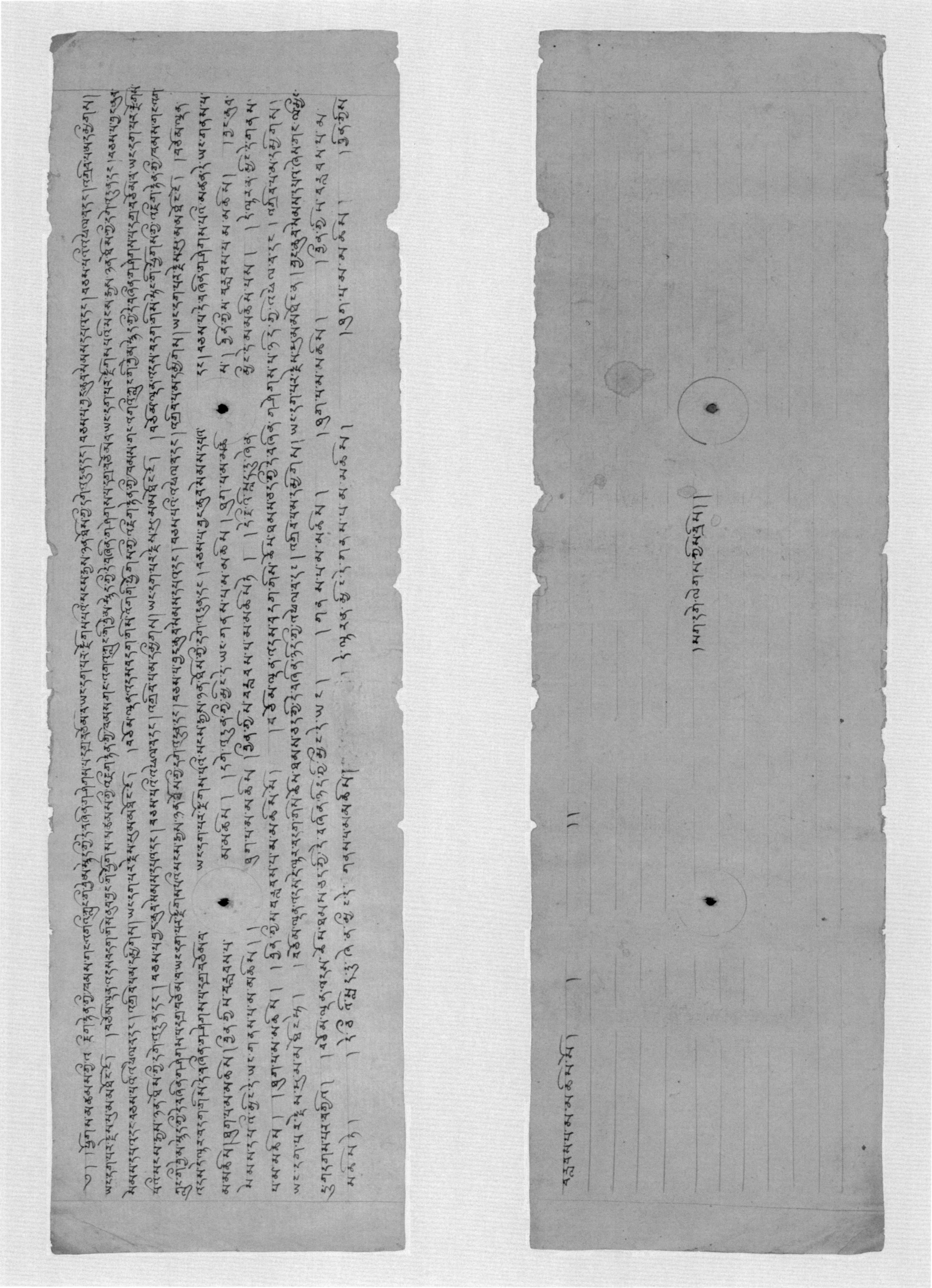

甘圖 GL.t.309 (R-V) ཤེས་རབ་ཀྱི་ཕ་རོལ་ཏུ་ཕྱིན་པ་སྟོང་ཕྲག་བརྒྱ་པ།
十萬頌般若波羅蜜多經

甘圖 GL.t.310 (R-V)　ཤེས་རབ་ཀྱི་ཕ་རོལ་ཏུ་ཕྱིན་པ་སྟོང་ཕྲག་བརྒྱ་པ།

十萬頌般若波羅蜜多經

甘圖 GL.t.311 (R-V)　ཤེས་རབ་ཀྱི་ཕ་རོལ་ཏུ་ཕྱིན་པ་སྟོང་ཕྲག་བརྒྱ་པ།

十萬頌般若波羅蜜多經　　(17—1)

甘圖 GL.t.311 (R-V) ཤེས་རབ་ཀྱི་ཕ་རོལ་ཏུ་ཕྱིན་པ་སྟོང་ཕྲག་བརྒྱ་པ།

十萬頌般若波羅蜜多經　　(17—2)

甘圖 GL.t.311 (R-V)　ཤེས་རབ་ཀྱི་ཕ་རོལ་ཏུ་ཕྱིན་པ་སྟོང་ཕྲག་བརྒྱ་པ།

十萬頌般若波羅蜜多經　　(17—3)

甘圖 GL.t.311 (R-V)　ཤེས་རབ་ཀྱི་ཕ་རོལ་ཏུ་ཕྱིན་པ་སྟོང་ཕྲག་བརྒྱ་པ།
十萬頌般若波羅蜜多經　　(17—4)

甘圖 GL.t.311 (R-V)　ཤེས་རབ་ཀྱི་ཕ་རོལ་ཏུ་ཕྱིན་པ་སྟོང་ཕྲག་བརྒྱ་པ།

十萬頌般若波羅蜜多經　　(17—5)

甘圖 GL.t.311 (R-V)　ཤེས་རབ་ཀྱི་ཕ་རོལ་ཏུ་ཕྱིན་པ་སྟོང་ཕྲག་བརྒྱ་པ།
十萬頌般若波羅蜜多經　　(17—6)

甘圖 GL.t.311 (R-V)　ཤེས་རབ་ཀྱི་ཕ་རོལ་ཏུ་ཕྱིན་པ་སྟོང་ཕྲག་བརྒྱ་པ།

十萬頌般若波羅蜜多經　　(17—7)

甘圖 GL.t.311 (R-V) ཤེས་རབ་ཀྱི་ཕ་རོལ་དུ་ཕྱིན་པ་སྟོང་ཕྲག་བརྒྱ་པ།

十萬頌般若波羅蜜多經 (17—8)

甘圖 GL.t.311 (R-V)　ཤེས་རབ་ཀྱི་ཕ་རོལ་དུ་ཕྱིན་པ་སྟོང་ཕྲག་བརྒྱ་པ།

十萬頌般若波羅蜜多經　　(17—9)

甘圖 GL.t.311 (R-V)　ཤེས་རབ་ཀྱི་ཕ་རོལ་ཏུ་ཕྱིན་པ་སྟོང་ཕྲག་བརྒྱ་པ།

十萬頌般若波羅蜜多經　　(17—10)

甘圖 GL.t.311 (R-V)　ཤེས་རབ་ཀྱི་ཕ་རོལ་དུ་ཕྱིན་པ་སྟོང་ཕྲག་བརྒྱ་པ།

十萬頌般若波羅蜜多經　　(17—11)

362

甘圖 GL.t.311 (R-V)　ཤེས་རབ་ཀྱི་ཕ་རོལ་ཏུ་ཕྱིན་པ་སྟོང་ཕྲག་བརྒྱ་པ།
十萬頌般若波羅蜜多經　　(17—12)

甘圖 GL.t.311 (R-V)　ཤེས་རབ་ཀྱི་ཕ་རོལ་ཏུ་ཕྱིན་པ་སྟོང་ཕྲག་བརྒྱ་པ།

十萬頌般若波羅蜜多經　　(17—13)

甘圖 GL.t.311 (R-V) ཤེས་རབ་ཀྱི་ཕ་རོལ་དུ་ཕྱིན་པ་སྟོང་ཕྲག་བརྒྱ་པ།

十萬頌般若波羅蜜多經　　(17—14)

甘圖 GL.t.311 (R-V) ཤེས་རབ་ཀྱི་ཕ་རོལ་ཏུ་ཕྱིན་པ་སྟོང་ཕྲག་བརྒྱ་པ།

十萬頌般若波羅蜜多經 (17—15)

366

甘圖 GL.t.311 (R-V)　ཤེས་རབ་ཀྱི་ཕ་རོལ་དུ་ཕྱིན་པ་སྟོང་ཕྲག་བརྒྱ་པ།

十萬頌般若波羅蜜多經　　(17—16)

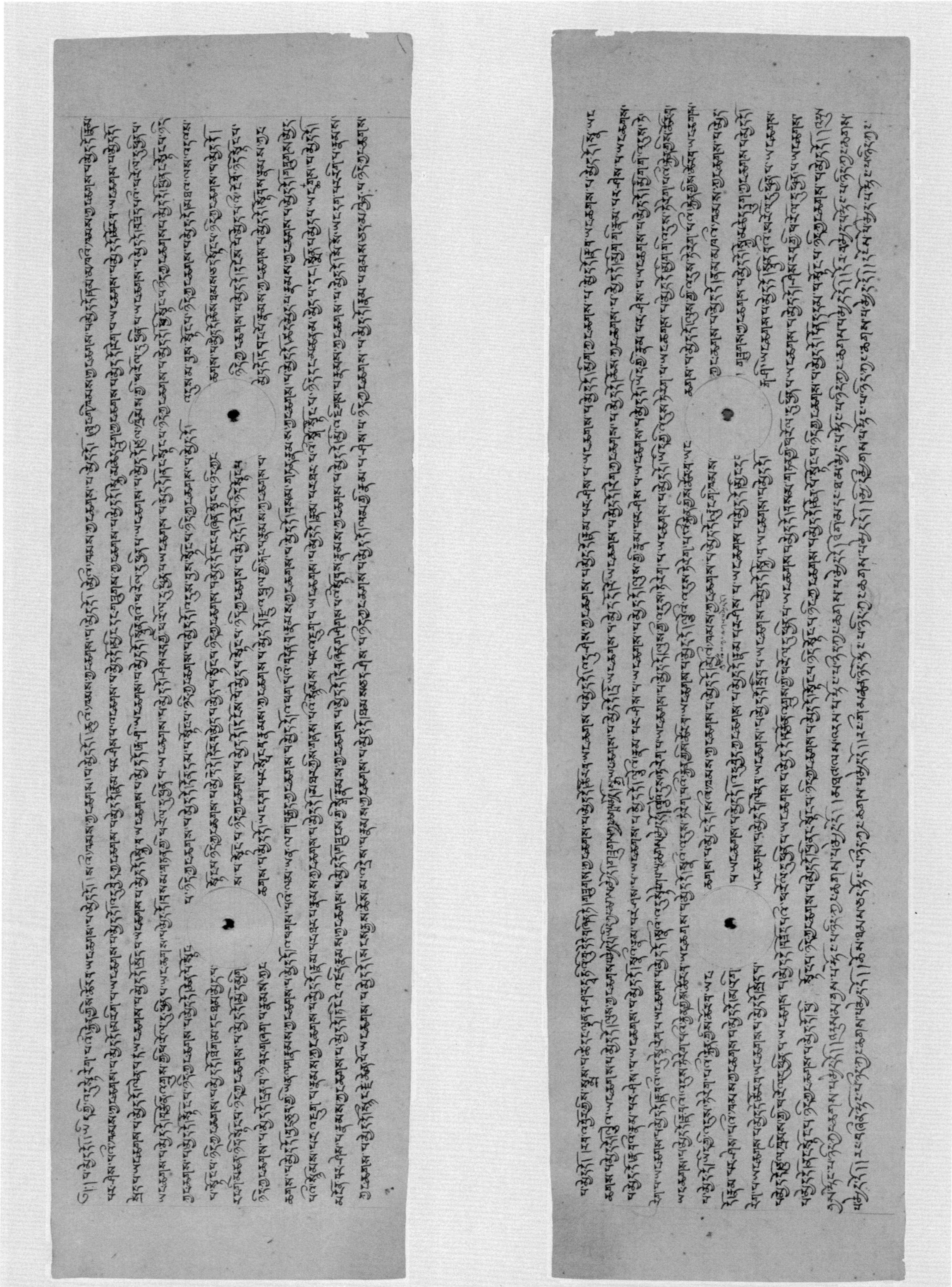

甘圖 GL.t.311 (R-V) ཤེས་རབ་ཀྱི་ཕ་རོལ་ཏུ་ཕྱིན་པ་སྟོང་ཕྲག་བརྒྱ་པ།
十萬頌般若波羅蜜多經 (17—17)

甘圖 GL.t.312 (R-V)　ཤེས་རབ་ཀྱི་ཕ་རོལ་ཏུ་ཕྱིན་པ་སྟོང་ཕྲག་བརྒྱ་པ་དུམ་བུ་བཞི་པ་བམ་པོ་བདུན་ཅུ་པའོ།།

十萬頌般若波羅蜜多經第四卷第七十品

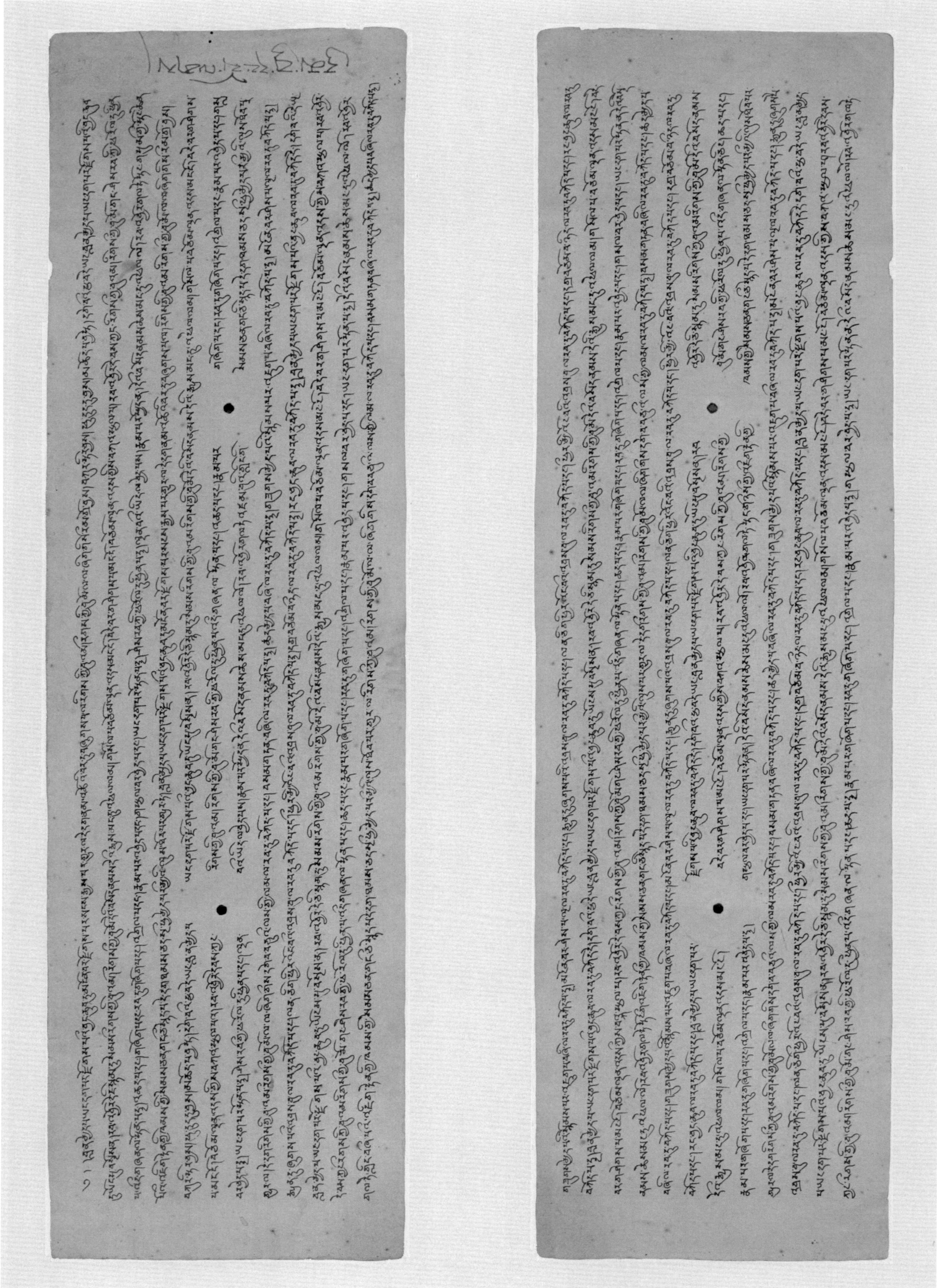

甘圖 GL.t.313 (R-V) ཤེས་རབ་ཀྱི་ཕ་རོལ་ཏུ་ཕྱིན་པ་སྟོང་ཕྲག་བརྒྱ་པ།

十萬頌般若波羅蜜多經

甘圖 GL.t.314 (R-V)　ཤེས་རབ་ཀྱི་ཕ་རོལ་ཏུ་ཕྱིན་པ་སྟོང་ཕྲག་བརྒྱ་པ།
十萬頌般若波羅蜜多經

甘圖 GL.t.315 (R-V)　ཤེས་རབ་ཀྱི་ཕ་རོལ་ཏུ་ཕྱིན་པ་སྟོང་ཕྲག་བརྒྱ་པ་དུམ་བུ་གསུམ་པ་བམ་པོ་གཅིག་གོ།།།

十萬頌般若波羅蜜多經第三卷第一品

甘圖 GL.t.316 (R-V) ཤེས་རབ་ཀྱི་ཕ་རོལ་དུ་ཕྱིན་པ་སྟོང་ཕྲག་བརྒྱ་པ།
十萬頌般若波羅蜜多經

甘圖 GL.t.317 (R-V) ཤེས་རབ་ཀྱི་ཕ་རོལ་ཏུ་ཕྱིན་པ་སྟོང་ཕྲག་བརྒྱ་པ།
十萬頌般若波羅蜜多經

甘圖 GL.t.318 (R-V)　ཤེས་རབ་ཀྱི་ཕ་རོལ་ཏུ་ཕྱིན་པ་སྟོང་ཕྲག་བརྒྱ་པ།
十萬頌般若波羅蜜多經

甘圖 GL.t.319 (R-V)　ཤེས་རབ་ཀྱི་ཕ་རོལ་དུ་ཕྱིན་པ་སྟོང་ཕྲག་བརྒྱ་པ།

十萬頌般若波羅蜜多經

甘圖 GL.t.320 (R-V) ཤེས་རབ་ཀྱི་ཕ་རོལ་ཏུ་ཕྱིན་པ་སྟོང་ཕྲག་བརྒྱ་པ་དུམ་བུ་གསུམ་པ་བམ་པོ་བདུན་ཅུ་པའོ།།

十萬頌般若波羅蜜多經第三卷第七十品

甘圖 GL.t.321 (R-V)　ཤེས་རབ་ཀྱི་ཕ་རོལ་དུ་ཕྱིན་པ་སྟོང་ཕྲག་བརྒྱ་པ།

十萬頌般若波羅蜜多經

甘圖 GL.t.322 (R-V)　ཤེས་རབ་ཀྱི་ཕ་རོལ་ཏུ་ཕྱིན་པ་སྟོང་ཕྲག་བརྒྱ་པ།

十萬頌般若波羅蜜多經

甘圖 GL.t.323 (R-V) ཤེས་རབ་ཀྱི་ཕ་རོལ་དུ་ཕྱིན་པ་སྟོང་ཕྲག་བརྒྱ་པ་དུམ་བུ་དང་པོ་བམ་པོ་ཉི་ཤུ་བཞི་པོ།།

十萬頌般若波羅蜜多經第一卷第二十四品

甘圖 GL.t.324 (R-V)　ཤེས་རབ་ཀྱི་ཕ་རོལ་ཏུ་ཕྱིན་པ་སྟོང་ཕྲག་བརྒྱ་པ།
十萬頌般若波羅蜜多經

甘圖 GL.t.325 (R-V)　ཤེས་རབ་ཀྱི་ཕ་རོལ་དུ་ཕྱིན་པ་སྟོང་ཕྲག་བརྒྱ་པ།

十萬頌般若波羅蜜多經

甘圖 GL.t.326 (R-V) ཤེས་རབ་ཀྱི་ཕ་རོལ་དུ་ཕྱིན་པ་སྟོང་ཕྲག་བརྒྱ་པ།
十萬頌般若波羅蜜多經

甘圖 GL.t.327 (R-V) ཤེས་རབ་ཀྱི་ཕ་རོལ་ཏུ་ཕྱིན་པ་སྟོང་ཕྲག་བརྒྱ་པ།
十萬頌般若波羅蜜多經

甘圖 GL.t.328 (R-V)　ཤེས་རབ་ཀྱི་ཕ་རོལ་ཏུ་ཕྱིན་པ་སྟོང་ཕྲག་བརྒྱ་པ།

十萬頌般若波羅蜜多經

甘圖 GL.t.329 (R-V)　ཤེས་རབ་ཀྱི་ཕ་རོལ་ཏུ་ཕྱིན་པ་སྟོང་ཕྲག་བརྒྱ་པ།

十萬頌般若波羅蜜多經

甘圖 GL.t.330 (R-V) ཤེས་རབ་ཀྱི་ཕ་རོལ་དུ་ཕྱིན་པ་སྟོང་ཕྲག་བརྒྱ་པ།
十萬頌般若波羅蜜多經

甘圖 GL.t.331 (R-V)　ཤེས་རབ་ཀྱི་ཕ་རོལ་ཏུ་ཕྱིན་པ་སྟོང་ཕྲག་བརྒྱ་པ།

十萬頌般若波羅蜜多經

388

甘圖 GL.t.332 (R-V)　ཤེས་རབ་ཀྱི་ཕ་རོལ་དུ་ཕྱིན་པ་སྟོང་ཕྲག་བརྒྱ་པ།
十萬頌般若波羅蜜多經

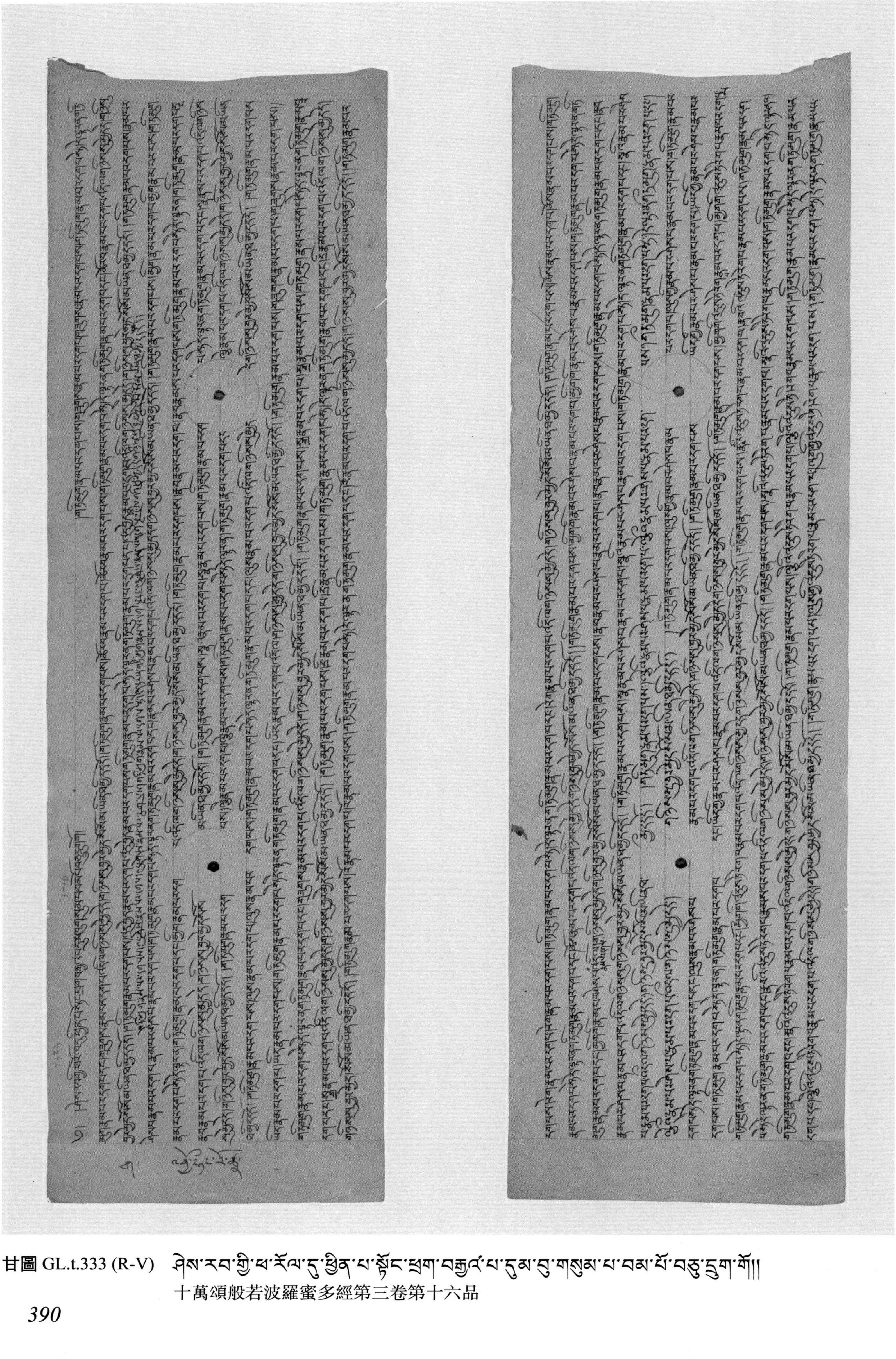

甘圖 GL.t.333 (R-V) ཤེས་རབ་ཀྱི་ཕ་རོལ་ཏུ་ཕྱིན་པ་སྟོང་ཕྲག་བརྒྱའ་པ་དུམ་བུ་གསུམ་པ་བམ་པོ་བཅུ་དྲུག་གོ།།
十萬頌般若波羅蜜多經第三卷第十六品

甘圖 GL.t.334 (R-V)　ཤེས་རབ་ཀྱི་ཕ་རོལ་ཏུ་ཕྱིན་པ་སྟོང་ཕྲག་བརྒྱ་པ།
十萬頌般若波羅蜜多經

甘圖 GL.t.335 (R-V)　ཤེས་རབ་ཀྱི་ཕ་རོལ་ཏུ་ཕྱིན་པ་སྟོང་ཕྲག་བརྒྱ་པ།

十萬頌般若波羅蜜多經

甘圖 GL.t.336 (R-V) ཤེས་རབ་ཀྱི་ཕ་རོལ་ཏུ་ཕྱིན་པ་སྟོང་ཕྲག་བརྒྱ་པ།
十萬頌般若波羅蜜多經

甘圖 GL.t.337 (R-V) ཤེས་རབ་ཀྱི་ཕ་རོལ་ཏུ་ཕྱིན་པ་སྟོང་ཕྲག་བརྒྱ་པ།
十萬頌般若波羅蜜多經

甘圖 GL.t.338 (R-V)　ཤེས་རབ་ཀྱི་ཕ་རོལ་དུ་ཕྱིན་པ་སྟོང་ཕྲག་བརྒྱ་པ།
十萬頌般若波羅蜜多經

甘圖 GL.t.339 (R-V)　ཤེས་རབ་ཀྱི་ཕ་རོལ་ཏུ་ཕྱིན་པ་སྟོང་ཕྲག་བརྒྱ་པ།

十萬頌般若波羅蜜多經

甘圖 GL.t.340 (R-V) ཤེས་རབ་ཀྱི་ཕ་རོལ་དུ་ཕྱིན་པ་སྟོང་ཕྲག་བརྒྱ་པ།

十萬頌般若波羅蜜多經

甘圖 GL.t.341 (R-V)　ཤེས་རབ་ཀྱི་ཕ་རོལ་ཏུ་ཕྱིན་པ་སྟོང་ཕྲག་བརྒྱ་པ་དུམ་བུ་གསུམ་པ་བམ་པོ་སུམ་ཅུ་གཅིག་གོ།།

十萬頌般若波羅蜜多經第三卷第三十一品

398

甘圖 GL.t.342 (R-V)　ཤེས་རབ་ཀྱི་ཕ་རོལ་ཏུ་ཕྱིན་པ་སྟོང་ཕྲག་བརྒྱ་པ།
十萬頌般若波羅蜜多經

甘圖 GL.t.343 (R-V)　ཤེས་རབ་ཀྱི་ཕ་རོལ་ཏུ་ཕྱིན་པ་སྟོང་ཕྲག་བརྒྱ་པ།
十萬頌般若波羅蜜多經

400

甘圖 GL.t.344 (R-V)　ཤེས་རབ་ཀྱི་ཕ་རོལ་དུ་ཕྱིན་པ་སྟོང་ཕྲག་བརྒྱ་པ།

十萬頌般若波羅蜜多經

甘圖 GL.t.345 (R-V) ཤེས་རབ་ཀྱི་ཕ་རོལ་ཏུ་ཕྱིན་པ་སྟོང་ཕྲག་བརྒྱ་པ།

十萬頌般若波羅蜜多經

甘圖 GL.t.346 (R-V)　ཤེས་རབ་ཀྱི་ཕ་རོལ་ཏུ་ཕྱིན་པ་སྟོང་ཕྲག་བརྒྱ་པ།
十萬頌般若波羅蜜多經

甘圖 GL.t.347 (R-V)　ཤེས་རབ་ཀྱི་ཕ་རོལ་ཏུ་ཕྱིན་པ་སྟོང་ཕྲག་བརྒྱ་པ།

十萬頌般若波羅蜜多經

甘圖 GL.t.348 (R-V)　ཤེས་རབ་ཀྱི་ཕ་རོལ་ཏུ་ཕྱིན་པ་སྟོང་ཕྲག་བརྒྱ་པ།

十萬頌般若波羅蜜多經

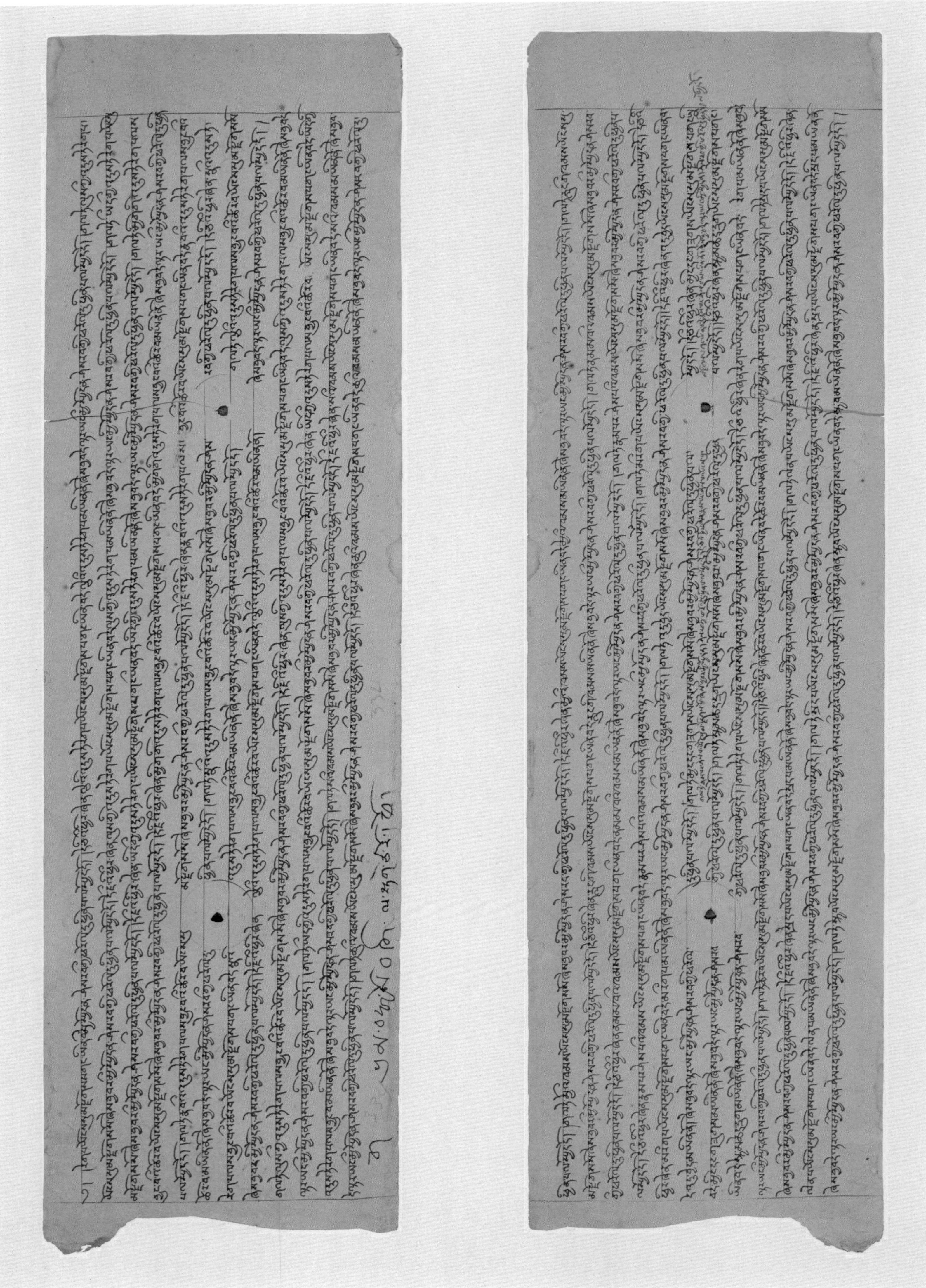

甘圖 GL.t.349 (R-V) ཤེས་རབ་ཀྱི་ཕ་རོལ་ཏུ་ཕྱིན་པ་སྟོང་ཕྲག་བརྒྱ་པ།
十萬頌般若波羅蜜多經

甘圖 GL.t.350 (R-V) ཤེས་རབ་ཀྱི་ཕ་རོལ་ཏུ་ཕྱིན་པ་སྟོང་ཕྲག་བརྒྱ་པ།
十萬頌般若波羅蜜多經

甘圖 GL.t.351 (R-V) ཤེས་རབ་ཀྱི་ཕ་རོལ་ཏུ་ཕྱིན་པ་སྟོང་ཕྲག་བརྒྱ་པ།

十萬頌般若波羅蜜多經

圖書在版編目（CIP）數據

甘肅藏敦煌藏文文獻 . 30，甘肅省圖書館卷 / 甘肅
省圖書館，敦煌研究院編纂；李芬林，勘措吉主編 .
－上海：上海古籍出版社，2021.4（2023.6重印）
ISBN 978-7-5325-9893-9

Ⅰ.①甘… Ⅱ.①甘… ②敦… ③李… ④勘… Ⅲ.①敦煌學－文獻－藏語
Ⅳ.①K870.6

中國版本圖書館 CIP 數據核字（2021）第 043620 號

本書爲
“十三五”國家重點圖書出版規劃項目
國家出版基金資助項目

甘肅藏敦煌藏文文獻 ㉚

主 編

李芬林　勘措吉

編 纂

甘肅省圖書館　敦煌研究院

出版發行

上海古籍出版社

上海市閔行區號景路159弄1-5號A座5F

郵編 201101　傳真（86－21）64339287

網址：　www.guji.com.cn

電子郵件：　guji1@guji.com.cn

易文網：　www.ewen.co

印 刷

上海世紀嘉晉數字信息技術有限公司

開本：787×1092　1/8　印張：55.5　插頁：4
版次：2021 年 4 月第 1 版　印次：2023 年 6 月第 2 次印刷
ISBN 978-7-5325-9893-9/K.2967
定價：2800.00圓

ཐུན་ཧོང་མའོ་གའོ་བྲག་ཕུག་གི་བྱང་ཁུལ་བྲག་ཕུག

敦煌莫高窟北區石窟

永靖炳灵寺唐代泥塑大佛

གཡུང་འདྲིང་པིང་ལིང་དགོན་པའི་ཐང་རབས་ཀྱི་འཇིམ་བཟོའི་སངས་རྒྱས་ཆེན་མོ།